Sprachführer Polnisch

WIEDZA POWSZECHNA

Okładka i karta tytułowa
GRZEGORZ PFEIFER

Tekst niemiecki
ALEXANDRA KACZUBA

Redakcja i korekta
ZESPÓŁ

Skład, łamanie, redakcja techniczna
URSZULA KACZYŃSKA

Wydawnictwo „Wiedza Powszechna" Sp. z o.o.
ul. Śniadeckich 17, 00-654 Warszawa
tel. 022 827 07 99, fax w. 131
www.wiedza.pl e-mail: info@wiedza.pl
Księgarnia wysyłkowa
tel. 022 827 07 99 w. 115, 116, fax w. 132
e-mail: hurtownia@wiedza.pl

Wydanie I 2009 r.

Druk i oprawa
Poznańskie Zakłady Graficzne S.A.
ul. Piotra Wawrzyniaka 39, 60-502 Poznań

ISBN 978-83-214-1419-5

Der vorliegende Sprachführer ist als erste Verständigungshilfe während Ihrer Polenreise gedacht. In 42 übersichtlich angeordneten Kapiteln wurde Sprachmaterial zusammengestellt, das Sie in typischen Alltagssituationen – vom Smalltalk bei der ersten Begegnung bis hin zum Businessgespräch – begleiten und Ihnen von Nutzen sein soll.

Bei der Entstehung dieses Sprachführers standen kommunikative Gesichtspunkte im Vordergrund, was sich im Aufbau der einzelnen Kapitel widerspiegelt. Jede Gesprächssituation wird in Form eines für sie typischen Dialogs dargestellt. Im Anschluss daran stellt der Sprachführer in alphabetischer Ordnung die für das jeweilige Thema relevanten Vokabeln bereit. Anhand dieser hat der Benutzer die Möglichkeit, den Dialog zu modifizieren und ihn so an seine Bedürfnisse bzw. die Gesprächssituation anzupassen. Die in der betreffenden Situation zu erwartenden Äußerungen des Gesprächspartners sind mit dem Symbol ◊ gekennzeichnet.

Der Sprachführer soll dem deutschsprachigen Reisenden helfen, sich in der ihm fremden Umgebung zurechtzufinden. So nennt er auch, in Großbuchstaben, die auf Schildern oder Ähnlichem am häufigsten zu findenden Aufschriften.

Wir hoffen, dass Sie mit Hilfe des vorliegenden Sprachführers alltägliche Gesprächssituationen werden meistern können.

a – wie „a“ in *Mann*, z. B. **głowa** ‘Kopf’
ą – in den meisten Fällen ähnlich wie in *Chanson*, *Bonbon*, aber kurz, z. B. **mąż** ‘Ehemann’
vor **b** und **p** wie „om“, z. B. **gołąb** ‘Taube’
vor **c**, **cz**, **d**, **dz**, **t** wie „on“, z. B. **mądry** ‘klug’
vor **ć**, **ci**, **dź**, **dzi** wie „oń“, z. B. **nacisnąć** ‘drücken’.
c – wie „z“ in *Zahl*, z. B. **córka** ‘Tochter’
ch – immer – ob als An-, In- oder Auslaut – wie „ch“ in *acht* in allen Stellungen, auch nach **i** und **e**, z. B. **chętnie** ‘gern’, **kichać** ‘niesen’, **mech** ‘Moos’
cz – wie „tsch“ in *klatschen*, z. B. **czerwony** ‘rot’
ć, ci – weiches „tsch”, z. B. **śpiewać** ‘singen’
dz – wie „tz“, aber stimmhaft, z. B. **dzwon** ‘Glocke’
dź, dzi – weiches „dsch“, z. B. **śledź** ‘Hering’
dż – wie „j“ in *Job*, z. B. **dżem** ‘Marmelade’
e – wie „e“ in *elf*, z. B. **krzesło** ‘Stuhl’
ę – in den meisten Fällen ähnlich wie in *Cousin*, aber kurz, z. B. **kęs** ‘Bissen’
vor **b** und **p** wie „em“, z. B. **pępek** ‘Nabel’
vor **c**, **cz**, **d**, **dz**, **t** wie „en“, z. B. **wędka** ‘Angelrute’
vor **ć**, **ci**, **dź**, **dzi** wie „eń“, z. B. **łabędź** ‘Schwan’
am Wortende wie „e“, z. B. **zwierzę** ‘Tier’
h – wie „ch“ in *acht*, z. B. **herbata** ‘Tee’
i – am Wortanfang und -ende wie „i“ in *Migräne*, z. B. **igła** ‘Nadel’, **głupi** ‘dumm’. Zur Aussprache als Inlaut siehe weiter unten
k – wie im Deutschen, aber ohne Aspiration
ł – wie englisches „w“ in *what*, z. B. **łyżka** ‘Löffel’
ń, ni – wie in *Champagne*, z. B. **dłoń** ‘Hand’
o – wie „o“ in *Bock*, z. B. **wtorek** ‘Dienstag’

ó – wie „u“ in *kaputt*, z. B. **mózg** ‘Gehirn’
p – wie im Deutschen, aber ohne Aspiration
r – Artikulation mit der Zungenspitze, z. B. **ramię** ‘Arm’
rz – wie „j“ in *Journalist,* z. B. **rzeka** ‘Fluss’
s – wie „s“ in *Weste*, z. B. **stół** ‘Tisch’
sz – wie „sch“ in *Schutz*, z. B. **szkoła** ‘Schule’
ś, si – ähnlich dem deutschen Ich-Laut wie in *dicht*, z. B. **światło** ‘Licht’
t – wie im Deutschen, aber ohne Aspiration
u – wie „u“ in *kaputt*, z. B. **ucho** ‘Ohr’
y – ähnlich wie „i“ in *Kiste*, z. B. **łyżka** ‘Löffel’
z – wie stimmhaftes „s“ in *Nase*, z. B. **zupa** ‘Suppe’
ź, zi – stimmhaftes ś, z. B. **opóźnienie** ‘Verspätung’
ż – wie „j“ in *Journalist*, z. B. **żaba** ‘Frosch’
Alle anderen Laute werden wie im Deutschen ausgesprochen.

Aussprachebesonderheiten

Vokale werden im Polnischen immer kurz gesprochen.
Au und **eu** werden in der Regel als „ał“ und „eł“ ausgesprochen, z. B. **autobus** ‘Bus’, **europejski** ‘europäisch’. Eine Ausnahme bilden zusammengesetzte und abgeleitete Wörter, z. B. **zauważyć** ‘bemerken’, **nieuprzejmy** ‘unhöflich’.

Stimmhafte Konsonanten (mit Ausnahme von **r**, **l**, **n**, **m**, **ń**, **ł**) und Konsonantenverbindungen werden am Wort- bzw. Silbenende stimmlos, z. B. **dziób** ‘Schnabel’, **już** ‘schon’, **wędka** ‘Angelrute’, **łyżka** ‘Löffel’.

Folgen zwei gleiche Konsonanten oder Vokale aufeinander, so werden sie als zwei Laute ausgesprochen, z. B. **panna** 'unverheiratete Frau', **lekko** 'leicht', **zaatakować** 'angreifen'.

Im Polnischen gibt es harte, weiche und erweichte Konsonanten. Weiche Konsonanten sind **ć**, **ń**, **ś**, **ź**, **dź**. Folgt auf sie ein **i**, so werden sie zu **ci**, **si**, **ni**, **zi**, **dzi**, z. B. **dłoń** 'Hand' → **dłonie** 'Hände', **maść** 'Salbe' → **maści** 'Salben'. Bei der Aussprache dieses **i** gelten die gleichen Regeln wie bei den erweichten Konsonanten.

Erweichte Konsonanten werden in der Schrift durch ein auf den Konsonanten folgendes **i** gekennzeichnet. Dabei wird **i** unterschiedlich ausgesprochen:

- ist der darauf folgende Laut ein Konsonant, so wird es wie „i" in *Pilot* ausgesprochen, z. B. **widzieć** 'sehen', **miska** 'Schüssel'
- ist der darauf folgende Laut ein Vokal, so wird es wie ein schwaches „j" ausgesprochen, z. B. **biały** 'weiß', **piasek** 'Sand'

Konsonanten, auf die kein **i** folgt, werden hart ausgesprochen, z. B. **morze** 'Meer', **myśleć** 'denken', **maść** 'Salbe'.

Betonung

Die meisten polnischen Wörter haben einen festen Akzent auf der vorletzten Silbe. Bei manchen Wörtern fremder Herkunft und manchen Verbformen wird die dritt- oder viertletzte Silbe betont, es setzt sich jedoch die Tendenz durch, auch in diesen Fällen die vorletzte Silbe zu betonen.

- Der Schrägstrich kennzeichnet:

– Elemente, die gegeneinander ausgetauscht werden können:

Bitte sprechen Sie (etwas) langsamer/lauter/deutlicher.	Proszę mówić (trochę) wolniej/głośniej/wyraźniej.
Bis dann/nachher/später!	Na razie!
Viel Spaß!/Viel Vergnügen!	Przyjemnej zabawy!

– geschlechtsspezifische Anrede- und Verbformen (siehe dazu weiter unten):

Sie haben Recht.	Ma pan/pani rację.
Ich möchte gern ein Appartement mieten.	Chciałbym/Chciałabym wynająć apartament.
Ich wurde benachrichtigt, dass eine Sendung für mich vorliegt.	Dostałem/Dostałam zawiadomienie o tym, że czeka na mnie przesyłka.

– unterschiedliche Bedeutungen eines deutschen Wortes:

Tor	bramka/(*Treffer*) gol

- In Klammern werden fakultative Elemente gesetzt:

Danke (schön).	Dziękuję (bardzo).

• Angaben in Klammern und Kursivschrift sind zusätzliche Erklärungen:

Niederlande	Królestwo Niderlandów, (*volkstümlich*) Holandia
Einzelkind	(*weiblich*) jedynaczka/ (*männlich*) jedynak

• In den Wortlisten werden Synonyme mit einem Komma abgetrennt:

Toilette	toaleta, ubikacja
Füllfederhalter, Füller	(wieczne) pióro

Der deutschen Höflichkeitsform „Sie" entsprechen im Polnischen unterschiedliche Anredeformen:
Der deutsche Satz „Können Sie mir helfen?" hat im Polnischen, je nachdem, an wen man sich wendet, folgende Entsprechungen:

- wenn man sich an **einen Mann** wendet: Czy może mi **pan** pomóc?
- wenn man sich an **eine Frau** wendet: Czy może mi **pani** pomóc?
- wenn man sich an **zwei oder mehr Männer** wendet: Czy mogą mi **panowie** pomóc?
- wenn man sich an **zwei oder mehr Frauen** wendet: Czy mogą mi **panie** pomóc?
- wenn man sich an **zwei oder mehr Personen unterschiedlichen Geschlechts** wendet: Czy mogą mi **państwo** pomóc?

Im Präteritum[1] und im Konjunktiv treten im Polnischen, je nach Anzahl und Geschlecht der sprechenden bzw. der angesprochenen Personen, unterschiedliche Verbformen auf.
Dem deutschen Satz „Könnten Sie mir helfen?" entsprechen im Polnischen folgende Formen:

- wenn man sich an **einen Mann** wendet: Czy **mógłby** mi pan pomóc?
- wenn man sich an **eine Frau** wendet: Czy **mogłaby** mi pani pomóc?
- wenn man sich an **zwei oder mehr Männer** wendet: Czy **mogliby** mi panowie pomóc?
- wenn man sich an **zwei oder mehr Frauen** wendet: Czy **mogłyby** mi panie pomóc?
- wenn man sich an **zwei oder mehr Personen unterschiedlichen Geschlechts** wendet: Czy **mogliby** mi państwo pomóc?

Der Satz „Ich möchte gern zum Flughafen." hat folgende Entsprechungen im Polnischen:

- wenn er von **einem Mann** geäußert wird: **Chciałbym** się dostać na lotnisko.
- wenn er von **einer Frau** geäußert wird: **Chciałabym** się dostać na lotnisko.

Der Satz „Wir möchten gern zum Flughafen." hat folgende Entsprechungen im Polnischen:

---

[1] Die Formen des Präteritums kommen in diesem Sprachführer relativ selten vor. Aus diesem Grund wird hier nicht auf die Konjugation in dieser Zeitform eingegangen. Die männliche Singularform hat die Endung -em, die weibliche endet auf -am, z. B.
Ich hatte einen Unfall. Miałem/Miałam wypadek.

- wenn er sich auf **zwei oder mehr Männer** bezieht: **Chcielibyśmy** się dostać na lotnisko.
- wenn er sich auf **zwei oder mehr Frauen** bezieht: **Chciałybyśmy** się dostać na lotnisko.
- wenn er sich auf **zwei oder mehr Personen unterschiedlichen Geschlechts** bezieht: **Chcielibyśmy** się dostać na lotnisko.

In diesem Sprachführer werden die geschlechtsspezifischen Anrede- und Verbformen in der Reihenfolge männlich/weiblich angegeben:

Können Sie mir helfen?	Czy może mi **pan/pani** pomóc?
Könnten Sie mir helfen?	Czy **mógłby** mi pan pomóc?/ Czy **mogłaby** mi pani pomóc?
Ich möchte gern zum Flughafen.	**Chciałbym/Chciałabym** się dostać na lotnisko.

Richtet sich ein Satz vornehmlich an einen Mann bzw. eine Frau, wird nur eine Anredeform genannt:

Könnten Sie mir das Gepäck von der Ablage herunterheben?	Czy może mi **pan** zdjąć bagaż z półki?
Darf ich Sie nach Hause begleiten?	Czy mogę **panią** odprowadzić do domu?

Im Polnischen wird das Adjektiv nicht nur gebeugt, wenn es vor einem Substantiv steht, sondern auch, wenn es in Verbindung mit dem Verb **być** 'sein' auftritt. Die Formen richten sich nach dem Geschlecht und der Anzahl der sprechenden Personen:

Der deutsche Satz „Ich bin zufrieden." hat folgende Entsprechungen im Polnischen:
– wenn er von **einem Mann** geäußert wird: Jestem **zadowolony**.
– wenn er von **einer Frau** geäußert wird: Jestem **zadowolona**.

Der Satz „Wir sind zufrieden." hat folgende Entsprechungen im Polnischen:
– wenn er sich auf **zwei oder mehr Männer** bezieht: Jesteśmy **zadowoleni**.
– wenn er sich auf **zwei oder mehr Frauen** bezieht: Jesteśmy **zadowolone**.
– wenn er sich auf **zwei oder mehr Personen unterschiedlichen Geschlechts** bezieht: Jesteśmy **zadowoleni**.

In solchen Fällen werden die Formen in der Reihenfolge männlich/weiblich angegeben:

Ich bin geschieden.	Jestem **rozwiedziony/rozwiedziona**.

Das Polnische kennt sieben Fälle, nach denen Substantive, Adjektive und Pronomen dekliniert werden. Die Deklination der Anredeformen **pan/pani** soll hier als Beispiel dienen:

Kasus	**männlich**	**weiblich**	**Beispiel**
Nominativ (wer? was?)	pan	pani	Kim **pan/pani** jest z zawodu? 'Was sind Sie von Beruf?'
Genitiv (wessen?)	pana	pani	Czy to **pana/pani** samochód? 'Ist das Ihr Auto?'
Dativ (wem?)	panu	pani	Muszę **panu/pani** coś powiedzieć. 'Ich muss Ihnen etwas sagen.'
Akkusativ (wen? was?)	pana	panią	Miło mi **pana/panią** poznać. 'Es freut mich, Sie kennen zu lernen.'
Instrumentalis (mit wem? womit?)	panem	panią	Czy mogę z **panem/panią** porozmawiać? 'Kann ich mit Ihnen sprechen?'
Lokativ (über wen? worüber?)	panu	pani	Dużo o **panu/pani** słyszałam. 'Ich habe viel von Ihnen gehört.'
Vokativ (direkte Anredeform)	panie!	pani!	**Panie** Kowalski!/**Pani** Kowalska! Herr Kowalski!/Frau Kowalski!

AWARIA	Außer Betrieb
BILETY WYPRZEDANE	Karten ausverkauft
BRAK MIEJSC	Alle Plätze besetzt
CIĄGNĄĆ	Ziehen
DLA NIEPALĄCYCH	Nichtraucher
DAMSKI	Damen
DLA PALĄCYCH	Raucher
DLA PANÓW	Herren
DLA PAŃ	Damen
DO SPRZEDANIA	Zu verkaufen
DO WYNAJĘCIA	Zu vermieten
DROGA PRYWATNA	Privatweg
GODZINY OTWARCIA	Öffnungszeiten
HAMULEC BEZPIECZEŃSTWA	Notbremse
INFORMACJA	Information, Auskunft
INFORMACJA TURYSTYCZNA	Touristeninformation
KASA	Kasse
KĄPIEL WZBRONIONA	Baden verboten
MĘSKI	Herren
NIEBEZPIECZEŃSTWO	Gefahr; Warnung
NIE DOTYKAĆ	Nicht berühren
NIE PRZESZKADZAĆ	Nicht stören
NIE ZASTAWIAĆ WJAZDU	Einfahrt freihalten
NIE ZOSTAWIAĆ ŚMIECI	Keinen Müll hinterlassen
NIECZYNNY/NIECZYNNE	Außer Betrieb; (*z. B. ein Geschäft*) Ruhetag
NIEUPOWAŻNIONYM WSTĘP WZBRONIONY	Zutritt für Unbefugte verboten

OBIEKT CHRONIONY	Überwachtes Gebäude
OBJAZD	Umleitung
OBNIŻKA	Reduziert
ODWOŁANE	Ausgefallen
OTWARTE	Geöffnet
OTWARTE OD … DO …	Geöffnet von … bis … Uhr
PCHAĆ	Drücken
PLAC BUDOWY	Baustelle
POCZEKALNIA	Warteraum
POKOJE DO WYNAJĘCIA	Zimmer zu vermieten
PRACE NA WYSOKOŚCI	Höhenarbeiten
PROSZĘ CZEKAĆ	Bitte warten
PROSZĘ DZWONIĆ	Bitte klingeln
PROSZĘ PUKAĆ	Bitte klopfen
PROSZĘ ZAMYKAĆ DRZWI	Bitte Tür schließen
PRZEJŚCIA NIE MA	Kein Durchgang
PRZEJŚCIE ZABRONIONE	Durchgang verboten
PRZERWA OBIADOWA	Mittagspause
PRZERWA OD … DO …	Pause von … bis … Uhr
PRZYMIERZALNIA	Umkleidekabine
RECEPCJA	Rezeption
REZERWACJA	Reservierungen
ROBOTY DROGOWE	Straßenarbeiten
ROZKŁAD JAZDY	Fahrplan
SAMOOBSŁUGA	Selbstbedienung
SCHODY	Treppe
STÓJ!	Halt!
SZATNIA	Garderobe
ŚWIATŁO	Licht

ŚWIEŻO MALOWANE	Frisch gestrichen
TEREN PRYWATNY	Privatgrundstück
TU WOLNO PALIĆ	Rauchen gestattet
TYLKO DLA PIESZYCH	Fußgängerzone
URZĄDZENIE ELEKTRYCZNE	Elektrische Einrichtung
UWAGA	Achtung, Vorsicht
UWAGA STOPIEŃ	Achtung Stufe
WEJŚCIE	Eingang
WEJŚCIE SŁUŻBOWE	Diensteingang
WINDA	Aufzug, Fahrstuhl
WODA NIEZDATNA DO PICIA	Kein Trinkwasser
WOLNE POKOJE	Zimmer frei
WSTĘP BEZPŁATNY/WOLNY	Eintritt frei
WSTĘP WZBRONIONY	Zutritt/Eintritt verboten
WYJŚCIA NIE MA	Kein Ausgang
WYJŚCIE	Ausgang
WYJŚCIE AWARYJNE/ BEZPIECZEŃSTWA	Notausstieg
WYJŚCIE EWAKUACYJNE	Notausgang
WYPRZEDAŻ	Ausverkauf
WYSOKIE NAPIĘCIE	Hochspannung
ZAJĘTE	Besetzt
ZAKAZ FOTOGRAFOWANIA	Fotografieren verboten
ZAKAZ NAKLEJANIA PLAKATÓW	Plakate anbringen verboten
ZAKAZ PALENIA	Rauchen verboten

ZAKAZ POSTOJU	Halteverbot
ZAKAZ WJAZDU	Zufahrt verboten
ZAKAZ WYSYPYWANIA ŚMIECI	Müll abladen verboten
ZAMKNIĘTE	Geschlossen
ZAMKNIĘTE Z POWODU URLOPU	Betriebsferien; Wegen Urlaub geschlossen
ZAREZERWOWANE	Reserviert
ZŁY PIES	Bissiger Hund

Wer?	Kto?
Wer ist das?	Kto to jest?
Was?	Co?
Was ist das?	Co to jest?
Wo?	Gdzie?
Wohin?	Dokąd?
Wann?	Kiedy?
Warum?/Wieso?/Weshalb?	Dlaczego?
Wie lange?	Jak długo?
Wie viel?	Ile?
Wie viel kostet das?	Ile to kosztuje?
Wie?	Jak?
Wessen?	Czyj?/Czyja?/Czyje?
Um wie viel Uhr?	O której godzinie?
Sprechen Sie …?	Czy mówi pan/pani …?
Deutsch	po niemiecku
Englisch	po angielsku
Französisch	po francusku
Polnisch	po polsku
Spanisch	po hiszpańsku
Ich spreche kein Polnisch.	Nie mówię po polsku.
Bitte sprechen Sie (etwas) langsamer/lauter/deutlicher.	Proszę mówić (trochę) wolniej/głośniej/wyraźniej.
Könnten Sie …?	Czy mógłby pan …?/Czy mogłaby pani …?
das buchstabieren	to przeliterować
mir das aufschreiben	mi to napisać
mir das aufzeichnen	mi to narysować
mir das (auf der Karte) zeigen	mi to pokazać (na mapie)

das wiederholen	powtórzyć
mir das Wort im Wörterbuch zeigen	pokazać mi to słowo w słowniku
Wie spricht man das aus?	Jak to się czyta?
Was bedeutet das?	Co to znaczy?
Wie heißt das auf Polnisch?	Jak to się nazywa po polsku?
Wie sagt man das auf Polnisch?	Jak to powiedzieć po polsku?

* * *

Ja (, gern).	Tak (, chętnie).
Danke, (sehr) gern.	Dziękuję, (bardzo) chętnie.
Danke (schön/sehr).	Dziękuję (bardzo).
Vielen Dank!	Bardzo dziękuję!
Ich bin Ihnen (dafür) sehr dankbar.	Jestem panu/pani (za to) bardzo wdzięczny/wdzięczna.
Ich danke Ihnen …	Dziękuję panu/pani …
für die Einladung	za zaproszenie
für das Geschenk	za prezent
für die Hilfe	za pomoc
für die Information/Auskunft	za informację
Ich bedanke mich.	Dziękuję.
◊ Nichts zu danken.	Nie ma za co.
◊ Keine Ursache!	Drobiazg!/To nic wielkiego.
◊ Gern geschehen.	Cała przyjemność po mojej stronie.
◊ Das ist nicht der Rede wert.	Nie ma o czym mówić.
◊ Bitte (sehr).	Proszę (bardzo).
Sehr gern.	Bardzo chętnie.
Nein.	Nie.
Nein, danke.	Nie, dziękuję.
Ich verstehe.	Rozumiem.

Ich verstehe nicht.	Nie rozumiem.
Ich kann.	Mogę.
Ich kann nicht.	Nie mogę.
Ich weiß.	Wiem.
Ich weiß nicht.	Nie wiem.
Gut.	Dobrze.
Schlecht.	Źle.
Das ist nett von Ihnen.	To miło z pana/pani strony.
Danke im Voraus.	Z góry dziękuję.
Entschuldigung./Verzeihung.	Przepraszam.
Verzeihen Sie mir bitte!	Proszę mi wybaczyć!
Es tut mir sehr Leid, aber ich kann nicht.	Żałuję bardzo, ale nie mogę.
Entschuldige/Entschuldigen Sie bitte die Verspätung.	Przepraszam za spóźnienie.
Entschuldigung, aber ich habe es eilig.	Przepraszam, ale się śpieszę.
Entschuldigung, störe ich?	Przepraszam, czy nie przeszkadzam?
(Es) tut mir Leid./Das tut mir Leid.	Przykro mi.
Das macht nichts.	Nic nie szkodzi.
Selbstverständlich./Natürlich.	Oczywiście./Naturalnie.
Genau.	Dokładnie.
Ja, eben.	Właśnie.
Das stimmt.	Zgadza się./Prawda.
Das stimmt nicht.	Nieprawda.
Das ist wahr.	To prawda.
Zweifellos./Ohne Zweifel.	Bez wątpienia.
Bestimmt./Sicher.	Na pewno.

Wahrscheinlich.	Prawdopodobnie.
Vermutlich.	Przypuszczalnie.
Einen Moment bitte!	Proszę chwilę zaczekać.
Moment (mal)!	Chwileczkę!
◊ Bitte kommen Sie herein.	Proszę wejść!
◊ Bitte setzen Sie sich.	Proszę usiąść!
◊ Bitte hier entlang.	Proszę tędy!
Könnten Sie mir helfen?	Czy mógłby mi pan/Czy mogłaby mi pani pomóc?
Könnte mir jemand helfen?	Czy ktoś mógłby mi pomóc?
Sie haben Recht.	Ma pan/pani rację.
Sie irren sich.	Pan/Pani się myli.
Ich bin (damit) einverstanden./ Einverstanden.	Zgadzam się./Zgoda.
In Ordnung.	W porządku.
Leider nicht/nein.	Niestety nie.
Es ist erlaubt/gestattet.	Wolno./Można.
Es ist nicht erlaubt/nicht gestattet.	Nie wolno./Nie można.
Es ist verboten.	To jest zabronione.
Man darf nicht.	Nie można.
Ausgeschlossen.	Wykluczone.
Das ist unmöglich.	To niemożliwe.
Das kommt nicht in Frage.	To nie wchodzi w rachubę.
Auf gar keinen Fall!	W żadnym wypadku!
Ich überlege es mir noch.	Jeszcze się zastanowię.
Ich freue mich sehr.	Bardzo się cieszę.
Es war sehr nett.	Było mi bardzo miło.
Wunderbar!	Cudownie!
Phantastisch!	Fantastycznie!

Wie schön es hier ist!	Jak tu pięknie!
Das hat mich sehr gefreut.	To było bardzo miłe.
Ich bin überrascht.	Jestem zaskoczony/zaskoczona.
Damit habe ich nicht gerechnet.	Nie spodziewałem/Nie spodziewałam się tego.
Falsch verbunden.	To pomyłka.

Begrüßung	Powitanie
Guten Tag!/Guten Morgen!	Dzień dobry!
Guten Abend!	Dobry wieczór!
Grüß Gott!	Szczęść Boże! (*auf dem Land*)
Willkommen!	Witaj!/(*Plural*) Witajcie!
Hallo!/Hi!/Grüß dich!	Cześć!/Czołem!/Hej!
Es freut mich, Sie zu sehen.	Cieszę się, że pana/panią widzę.
Wie geht es Ihnen?	Jak się panu/pani powodzi?
Wie geht's?	Co słychać?
Wie geht es dir?	Jak się masz?/Co u ciebie?
(Sehr) gut, danke.	(Bardzo) dobrze, dziękuję.
Ausgezeichnet./Prima.	Świetnie.
Danke, es geht.	Dziękuję, jako tako.
So lala.	Nie najgorzej./Tak sobie.
(Sehr) schlecht.	(Bardzo) źle.

Verabschiedung	Pożegnanie
Auf Wiedersehen!	Do widzenia!/Do zobaczenia!
Auf Wiederhören!	Do usłyszenia!
Gute Nacht!	Dobranoc!
Bis morgen!	Do jutra!
Bis bald!	Do zobaczenia wkrótce!
Bis dann/nachher/später!	Na razie!
Tschüss!	Cześć!/Czołem!/Pa!
Ich muss mich schon verabschieden.	Muszę się już pożegnać.

Es wird Zeit für mich.	Na mnie już czas.
Ich verabschiede mich!	Żegnam!
◊ Schade, dass du schon gehen musst.	Szkoda, że musisz już iść.
Wann sehen wir uns wieder?	Kiedy się znów zobaczymy?
◊ Ich hoffe, wir sehen uns noch.	Mam nadzieję, że się jeszcze spotkamy.

Grüße, Wünsche	**Pozdrowienia, życzenia**
Alles Gute!	Wszystkiego najlepszego!
Gute Besserung!	Szybkiego powrotu do zdrowia!
Gute Erholung!	Udanego wypoczynku!
Gute Reise!	Szczęśliwej podróży!
Gute Fahrt!	Szerokiej drogi!
Herzlichen Glückwunsch zum Geburtstag/zum Namenstag!	Serdeczne życzenia urodzinowe/imieninowe!
Schönes Wochenende!	Udanego weekendu!
Viel Spaß!/Viel Vergnügen!	Przyjemnej zabawy!
Viel Erfolg!	Powodzenia!
Ich wünsche Ihnen von ganzem Herzen Glück.	Życzę panu/pani z całego serca szczęścia.
Ich wünsche Ihnen/dir/euch einen angenehmen Aufenthalt in …	Życzę przyjemnego pobytu w …

Entschuldigung, wo ist die … straße?	Przepraszam, gdzie jest ulica …?
In welche Richtung muss ich gehen, um zu … zu gelangen?	W którą stronę mam iść, żeby dojść do …?
Ich möchte zu …	Chciałbym/Chciałabym się dostać do …
Ich suche diese Adresse.	Szukam tego adresu.
Ist das weit von hier?	Czy to daleko stąd?
Wie weit ist es von hier bis zu …?	Jak daleko jest stąd do …?
◊ Ganz nah.	Całkiem blisko.
◊ Nicht weit.	Niedaleko.
◊ Ziemlich weit.	Dosyć daleko.
Wie komme ich dorthin?	Czym mogę tam dojechać?
Welche Buslinie/Straßenbahnlinie fährt dorthin?	Jaki autobus/tramwaj tam jedzie?
Wo ist das?	Gdzie to jest?
Könnten Sie mir das auf dem Stadtplan zeigen?	Proszę pokazać mi to na planie miasta.
Wie komme ich am besten zum Flughafen?	Jak najłatwiej dostać się na lotnisko?
Entschuldigung, wo ist …?	Przepraszam, gdzie jest …?
die Altstadt	Stare Miasto
der Bahnhof	dworzec kolejowy
die deutsche Botschaft	ambasada niemiecka
der Busbahnhof	dworzec autobusowy
die nächste Bushaltestelle	przystanek autobusowy
der Flughafen	lotnisko
das Goethe-Institut	Instytut Goethego
das Hotel …	hotel …

das nächste Internetcafé	kafejka internetowa
das deutsche Konsulat	konsulat niemiecki
das nächste Polizeirevier	komisariat policji
die nächste Tankstelle	stacja benzynowa
die nächste U-Bahn-Station	stacja metra
Entschuldigung, ich suche die Touristeninformation.	Przepraszam, szukam informacji turystycznej.
◊ Sie müssen …	Musi pan/pani …
an der Kirche vorbeigehen	minąć kościół
bis … zurückgehen	cofnąć się do …
durch den Park gehen	przejść przez park
geradeaus gehen	iść prosto
nach links abbiegen	skręcić w lewo
nach rechts abbiegen	skręcić w prawo
über die Kreuzung gehen	przejść przez skrzyżowanie
die Straße überqueren	przejść przez ulicę
die Straßenseite wechseln	przejść na drugą stronę ulicy
◊ Es ist das zweite Gebäude auf der rechten/linken Seite.	To będzie drugi budynek po prawej/lewej stronie.
◊ Es ist gleich um die Ecke.	To jest tuż za rogiem.
◊ Sie müssen … nehmen.	Musi pan/pani wsiąść do …
die Buslinie …	autobusu …
die Straßenbahnlinie …	tramwaju …
die U-Bahn (an der Station …)	metra (na stacji …)
Könnten Sie mir die Telefonnummer der deutschen Botschaft geben?	Czy mogę prosić o podanie mi telefonu do ambasady niemieckiej?
Entschuldigung, wo kann ich einen Stadtplan kaufen?	Przepraszam, gdzie mogę kupić plan miasta?

Erlauben Sie, dass ich mich vorstelle.	Pozwolą państwo, że się przedstawię.
Ich heiße …	Nazywam się …
Mein Vorname ist …	Mam na imię …
Ich heiße …, aber Sie können … zu mir sagen.	Mam na imię …, ale proszę mi mówić …
Ich glaube, wir kennen uns noch nicht, oder?	My się chyba jeszcze nie znamy, prawda?
Ich hatte noch nicht die Gelegenheit, Sie kennen zu lernen.	Nie miałem/Nie miałam jeszcze okazji pana/pani poznać.
Es freut mich sehr, Sie kennen zu lernen.	Bardzo mi miło pana/panią poznać.
Ich freue mich, Sie endlich kennen gelernt zu haben.	Cieszę się, że wreszcie pana/panią poznałem/poznałam.
Ich glaube, wir kennen uns bereits?	Wydaje mi się, że my się już znamy?
Erinnern Sie sich an mich? Wir haben uns in … kennen gelernt.	Czy pan/pani mnie sobie przypomina? Poznaliśmy się w …
◊ Ach ja, ich erinnere mich.	A tak, przypominam sobie.
◊ Ich erinnere mich nicht.	Nie przypominam sobie.
◊ Es freut mich, Sie wieder zu sehen.	Miło mi znowu pana/panią widzieć.
Mich ebenfalls/auch.	Mnie również.
Sind Sie Herr/Frau …?/Spreche ich mit Herrn/Frau …?	Czy mam przyjemność z panem/panią …?
Ich möchte Ihnen gern … vorstellen.	Chciałbym/Chciałabym panu/pani przedstawić …
meine Frau	moją żonę
meinen Mann	mojego męża

Darf ich Ihnen Herrn/Frau … vorstellen?	Czy mogę przedstawić pana/panią …?
Kennen Sie sich (bereits)?	Czy państwo się znają?
Das ist Herr/Frau …	To jest pan/pani …
Das ist …	To (jest) …
mein Bruder	mój brat
meine Mutter	moja matka
meine Schwester	moja siostra
mein Vater	mój ojciec
◊ Sind Sie zum ersten Mal hier?	Czy jest tu pan/pani po raz pierwszy?
◊ Wie gefällt es Ihnen (hier) in Polen?	Jak się panu/pani podoba w Polsce?
◊ Reisen Sie allein?	Czy podróżuje pan sam/pani sama?
Nein, ich bin mit … hier.	Nie, jestem tu z …
meinem Mann/meiner Frau	mężem/żoną
Freunden	przyjaciółmi
einer Reisegruppe	wycieczką
◊ Wie geht es Ihnen?	Jak się pan/pani miewa?
Danke, gut.	Dziękuję, dobrze.
Ausgezeichnet./Hervorragend./Blendend.	Doskonale.
Alles in Ordnung, danke.	Wszystko w porządku, dziękuję.
Darf ich Sie auf einen Kaffee/zum Kaffee einladen?	Czy mogę zaprosić pana/panią na kawę?
Darf ich Sie zum Abendessen einladen?	Czy mogę zaprosić pana/panią na kolację?
Heute kann ich leider nicht.	Niestety, dzisiaj nie mogę.

Möchten Sie etwas trinken?	Napije się pan/pani czegoś?
◊ Rauchen Sie?	Czy pan/pani pali?
Nein, danke.	Nie, dziękuję.
Ja, gern.	Tak, chętnie się poczęstuję.
Möchten Sie tanzen?	Zatańczy pani?/Czy mogę prosić panią do tańca?
Sie sind ein hervorragender Tänzer/eine hervorragende Tänzerin.	Świetnie pan/pani tańczy.
Sie haben ein schönes Lächeln.	Ma pan/pani piękny uśmiech.
Sie sehen wunderschön aus.	Pięknie pani wygląda.
Sehen wir uns morgen?	Czy spotkamy się jutro?
Mit Vergnügen.	Z przyjemnością.
Ich muss Ihnen leider absagen.	Niestety, muszę panu odmówić.

* * *

anmachen	podrywać
Date	randka
Kuss	pocałunek
küssen	całować
Liebe	miłość
Liebesverhältnis	romans
umarmen	objąć/przytulić
Verabredung	randka
verliebt	zakochany
Zärtlichkeiten	pieszczoty

◊ Bitte weisen Sie sich aus.	Proszę pokazać jakiś dokument tożsamości.
◊ Bitte geben Sie Ihren Vor- und Nachnamen an.	Proszę podać swoje imię i nazwisko.
◊ Bitte füllen Sie dieses Formular aus.	Proszę wypełnić ten formularz.
◊ Bitte unterschreiben Sie hier.	Proszę tu podpisać.
Den Wievielten haben wir heute?	Którego dzisiaj mamy?
◊ Heute ist der 15. März 2009.	Dzisiaj jest piętnasty marca dwa tysiące dziewiątego roku.

Imię	Vorname
Nazwisko	Nachname
Nazwisko panieńskie	Mädchenname
Imiona rodziców	Vornamen der Eltern
Data i miejsce urodzenia	Geburtsdatum und -ort
Płeć	Geschlecht
kobieta	weiblich
mężczyzna	männlich
Obywatelstwo	Staatsangehörigkeit
Narodowość	Nationalität
Zawód	Beruf
Wykształcenie	Schulbildung
podstawowe	Grundschulbildung
średnie	Hochschulreife
zawodowe	Berufsausbildung
wyższe	Hochschulbildung
Stan cywilny	Familienstand
panna	ledig (*Frau*)
kawaler	ledig (*Mann*)

mężatka	verheiratet (*Frau*)
żonaty	verheiratet (*Mann*)
wdowa	verwitwet (*Frau*)
wdowiec	verwitwet (*Mann*)
rozwiedziona	geschieden (*Frau*)
rozwiedziony	geschieden (*Mann*)
Numer dowodu osobistego	Personalausweisnummer
Numer paszportu	Passnummer
Numer prawa jazdy	Führerscheinnummer
Numer ubezpieczenia	Versicherungsnummer
Adres zamieszkania	Wohnort
Adres zameldowania	Meldeort
Numer telefonu	Telefonnummer
E-mail	E-Mail-Adresse
Grupa krwi	Blutgruppe
Ważne informacje	Wichtige Informationen
Znaki szczególne	Besondere Kennzeichen
Data	Datum
Miejscowość	Ort
Podpis	Unterschrift

◊ Wie alt sind Sie? — Ile ma pan/pani lat?

Ich bin … Jahre alt. — Mam … lat.

◊ Woher kommen Sie? — Skąd pan/pani pochodzi?

◊ Wo und wann sind Sie geboren? — Kiedy i gdzie się pan urodził/się pani urodziła?

◊ Was für eine Schulbildung haben Sie? — Jakie ma pan/pani wykształcenie?

Religion	Religia
◊ Welcher Religion gehören Sie an?	Jakiego jest pan/pani wyznania?
Ich bin Katholik/Katholikin.	Jestem katolikiem/katoliczką.
Ich gehöre der evangelischen Kirche an.	Należę do kościoła protestanckiego.
Ich bin gläubig, aber nicht praktizierend.	Jestem wierzący, ale niepraktykujący./Jestem wierząca, ale niepraktykująca.

* * *

Anglikaner	anglikanin
Anglikanerin	anglikanka
anglikanisch	anglikański
Atheist	ateista, niewierzący
Atheistin	ateistka, niewierząca
Bischof	biskup
Buddhist	buddysta
Buddhistin	buddystka
Calvinist	kalwin
Calvinistin	kalwinka
calvinistisch	kalwiński
Christ	chrześcijanin
Christin	chrześcijanka
evangelisch	protestancki
Jude	żyd
Jüdin	żydówka
Kardinal	kardynał
Lutheraner	luteranin
Lutheranerin	luteranka

Moslem, Muslim	muzułmanin
Moslemin, Muslimin	muzułmanka
nicht gläubig	niewierzący
Ordensbruder	zakonnik
Ordensschwester	zakonnica
orthodox	prawosławny
Papst	papież
Pfarrer	ksiądz (proboszcz)
Priester	ksiądz, kapłan
Propst	proboszcz
Protestant	protestant
Protestantin	protestantka
römisch-katholisch	rzymsko-katolicki

◊ Wie heißen Sie?	Jak się pan/pani nazywa?
◊ Wie ist dein Vorname?	Jak masz na imię?
◊ Wie lautet Ihre Adresse/ Anschrift?	Jaki jest pana/pani adres?
◊ Wo wohnen Sie?	Gdzie pan/pani mieszka?
◊ Was machen Sie (hier) in Polen?	Co robi pan/pani w Polsce?
Ich bin hier in Urlaub.	Jestem tu na urlopie.
Ich bin mit einer Reisegruppe unterwegs.	Jestem tu na wycieczce.
Ich bin privat hier.	Jestem tu prywatnie.
Ich bin auf der Durchreise.	Jestem tu przejazdem.
Ich bin dienstlich hier.	Jestem tu służbowo.
Ich bin hier im Rahmen eines Studentenaustausches.	Jestem tu w ramach wymiany studenckiej.
Ich bin zu Besuch bei …	Jestem z wizytą u …
Bekannten	znajomych
Freunden	przyjaciół
meiner Familie	rodziny
◊ Wann sind Sie angekommen?	Kiedy pan przyjechał/pani przyjechała?
Heute.	Dzisiaj.
Gestern.	Wczoraj.
Vor ein paar/einigen Tagen.	Kilka dni temu.
Vor einer Woche.	Tydzień temu.
Vor einem Monat.	Miesiąc temu.
Ich bin seit einem Jahr hier.	Jestem tu od roku.
◊ Wo sind Sie untergekommen?	Gdzie się pan zatrzymał/pani zatrzymała?

Ich wohne …	Mieszkam …
bei Bekannten	u znajomych
bei Freunden	u przyjaciół
bei meiner Familie	u rodziny
im Hotel	w hotelu
im Studentenwohnheim	w akademiku
in einem Privatquartier	na kwaterze prywatnej
in einer Pension	w pensjonacie
Ich miete eine Wohnung/ein Zimmer.	Wynajmuję mieszkanie/pokój.
Ich wohne unter dieser Adresse/Anschrift.	Mieszkam pod tym adresem.
Könnten Sie mir Ihre E-Mail--Adresse geben?	Czy może mi pan/pani podać swój adres mailowy?
Das ist …	To jest …
meine Telefonnummer	mój numer telefonu
meine Visitenkarte	moja wizytówka
◊ Wie lange bleiben Sie hier?	Jak długo pan/pani tu zostanie?
Ich fahre heute ab.	Dziś wyjeżdżam.
Ich bleibe …	Zostanę …
ein paar/einige Tage	kilka dni
eine Woche	tydzień
ein paar/einige Wochen	kilka tygodni
Ich weiß es noch nicht.	Jeszcze nie wiem.

◊ Sind Sie verheiratet?	Czy jest pan żonaty/pani zamężna?
Ich bin verheiratet.	Mam żonę/męża.
Ich bin geschieden.	Jestem rozwiedziony/rozwiedziona.
Ich bin Witwer/Witwe.	Jestem wdowcem/wdową.
◊ Haben Sie Kinder?	Czy ma pan/pani dzieci?
Ich habe eine Tochter/einen Sohn.	Mam córkę/syna.
Ich habe ein Kind.	Mam jedno dziecko.
Ich habe zwei Töchter/zwei Söhne.	Mam dwie córki/dwóch synów.
Ich habe drei Kinder.	Mam trójkę dzieci.
Ich habe keine Kinder.	Nie mam dzieci.
Ich bin allein erziehende Mutter.	Jestem samotną matką.

* * *

Arbeitskollege	kolega z pracy
Arbeitskollegin	koleżanka z pracy
Bekannte	znajoma
Bekannter	znajomy
Bruder	brat
Cousin	kuzyn
Cousine	kuzynka
Ehefrau	żona
Ehemann	mąż
Ehepaar	małżeństwo, para małżeńska
Einzelkind	(*weiblich*) jedynaczka/(*männlich*) jedynak
Eltern	rodzice
Enkel	wnuk
Enkelin	wnuczka

Freund	przyjaciel
Freundin	przyjaciółka
Gatte	małżonek
Gattin	małżonka
Geliebte	kochanka
Geliebter	kochanek
Geschwister	rodzeństwo
Großeltern	dziadkowie
Großmutter	babcia
Großvater	dziadek
Junge	chłopiec, chłopak
Kind	dziecko
Kinder	dzieci
Kollege	kolega
Kollegin	koleżanka
Mädchen	dziewczyna, dziewczynka
Mutter	matka
Nachbar	sąsiad
Nachbarin	sąsiadka
Neffe	(*Sohn der Schwester*) siostrzeniec/(*Sohn des Bruders*) bratanek
Nichte	(*Tochter der Schwester*) siostrzenica/(*Tochter des Bruders*) bratanica
Oma	babcia
Onkel	wujek
Opa	dziadek
Pate	ojciec chrzestny
Patenkind	(*weiblich*) chrześnica/(*männlich*) chrześniak

Patin	matka chrzestna
Schulfreund	kolega ze szkoły
Schulfreundin	koleżanka ze szkoły
Schwager	szwagier
Schwägerin	szwagierka
Schwester	siostra
Schwiegermutter	teściowa
Schwiegersohn	zięć
Schwiegertochter	synowa
Schwiegervater	teść
Sohn	syn
Stiefbruder	brat przyrodni
Stiefmutter	macocha
Stiefschwester	siostra przyrodnia
Stiefvater	ojczym
Tante	ciotka
Tochter	córka
Vater	ojciec
Verlobte	narzeczona
Verlobter	narzeczony
Verwandte	(*eine Frau*) krewna/(*zwei oder mehr Frauen*) krewne/(*zwei oder mehr Männer/Personen*) krewni
Verwandter	krewny
Vetter	kuzyn
Zwillinge	bliźnięta
Zwillingsbruder	brat bliźniak
Zwillingsschwester	siostra bliźniaczka

GRANICA (PAŃSTWA)	(Staats)grenze
KANTOR	Wechselstube
ODPRAWA CELNA	Zollabfertigung
ODPRAWA PASZPORTOWA	Passabfertigung
POLICJA	Polizei
PRZEJŚCIE GRANICZNE	Grenzübergang
STREFA BEZCŁOWA	Zollfreie Zone
WYMIANA PIENIĘDZY	Geldwechsel

◊ Bereiten Sie bitte die Pässe vor.	Proszę przygotować paszporty.
◊ Ihren Pass/Ausweis bitte.	Paszport/Dowód proszę.
◊ Ihr Pass ist leider abgelaufen.	Niestety, pana/pani paszport jest nieważny.
◊ Wie lange haben Sie die Absicht, hier zu bleiben?	Jak długo zamierza pan/pani się tu zatrzymać?
Ein paar Tage.	Kilka dni.
◊ Sind Sie dienstlich oder privat unterwegs?	Podróżuje pan/pani służbowo czy prywatnie?
Dienstlich.	Służbowo.
◊ Wohin fahren Sie?	Dokąd pan/pani jedzie?
Ich bin Transitreisender.	Jadę tranzytem.
Ich bin zur Hochzeit meines Bruders angereist.	Przyjechałem/Przyjechałam na ślub brata.
◊ Haben Sie etwas zu verzollen?	Czy ma pan/pani coś do oclenia?
Nein, ich habe nichts zu verzollen.	Nie, nie mam nic do oclenia.
◊ Welches Gepäck gehört Ihnen?	Który bagaż należy do pana/pani?

◊ Wessen Koffer ist das?	Czyja to walizka?
◊ Bitte öffnen Sie den Koffer.	Proszę otworzyć walizkę.
Aber das ist nicht mein Koffer!	Ale to nie jest moja walizka!
◊ Was ist das?	Co to jest?
Das sind persönliche Sachen.	To są rzeczy osobiste.
Das sind Geschenke.	To są prezenty.
◊ Was führen Sie noch mit sich?	Co jeszcze pan/pani przewozi?
◊ Haben Sie Alkohol dabei?	Czy przewozi pan/pani jakiś alkohol?
Nur diese drei Flaschen Whisky.	Tylko te trzy butelki whisky.
◊ Das dürfen Sie nicht mit sich führen.	Tego nie wolno przewozić.
Ich habe eine Genehmigung dafür.	Mam na to pozwolenie.
Muss ich das verzollen?	Czy muszę za to zapłacić cło?
◊ Das müssen Sie verzollen.	Musi pan/pani zapłacić za to cło.
◊ Der Zoll beträgt …	Cło wynosi …
◊ Wir müssen das leider beschlagnahmen.	Niestety, musimy to panu/pani zarekwirować.
Wo kann ich Geld umtauschen?	Gdzie mogę wymienić pieniądze?
Wo kann ich diesen Scheck einlösen?	Gdzie mogę zrealizować ten czek?
◊ Bitte fahren Sie an die Seite und öffnen Sie den Kofferraum.	Proszę zjechać na bok i otworzyć bagażnik.
◊ Bitte steigen Sie aus dem Wagen.	Proszę wysiąść z samochodu.

◊ Würden Sie bitte mit mir kommen?	Pan/Pani pozwoli ze mną.
◊ Bitte kommen Sie mit mir.	Proszę pójść ze mną.
◊ Sind Sie zum ersten Mal (hier) in Polen?	Czy jest pan/pani pierwszy raz w Polsce?
◊ Wie hat es Ihnen in Polen gefallen?	Jak się panu/pani podobało w Polsce?
◊ Kommen Sie wieder nach Polen!	Zapraszamy do Polski ponownie.

* * *

ausreisen	wyjeżdżać za granicę
beschlagnahmen	zarekwirować
Einreise	wjazd
EU-Bürger	obywatel Unii Europejskiej
Formular	formularz
Genehmigung	zezwolenie
Grenzübergang	przejście graniczne
Kennzeichen	numer rejestracyjny
Pass	paszport
Passkontrolle	kontrola paszportowa
Transit	tranzyt
Versicherung	ubezpieczenie
Visum	wiza
Zoll	cło
Zollbeamter	celnik
zollfrei	wolny od cła
zollpflichtig	objęty cłem

Land	Kraj
◊ Woher kommen Sie?	Skąd pan/pani pochodzi?
Ich komme aus Deutschland.	Pochodzę z Niemiec.
◊ Woher kommen Sie gerade?	Skąd pan przyjechał/pani przyjechała?
Ich komme gerade aus Österreich.	Przyjechałem/Przyjechałam z Austrii.

* * *

Argentinien	Argentyna
Australien	Australia
Belgien	Belgia
Bosnien-Herzegowina	Bośnia i Hercegowina
Brasilien	Brazylia
Bulgarien	Bułgaria
China	Chiny
Dänemark	Dania
Deutschland	Niemcy
England	Anglia
Estland	Estonia
Finnland	Finlandia
Frankreich	Francja
Griechenland	Grecja
Großbritannien	Wielka Brytania
Indien	Indie
Irland	Irlandia
Italien	Włochy
Japan	Japonia
Kanada	Kanada
Korea	Korea

Kroatien	Chorwacja
Lettland	Łotwa
Litauen	Litwa
Mazedonien	Macedonia
Mexiko	Meksyk
Moldawien	Mołdawia
Montenegro	Czarnogóra
Niederlande	Królestwo Niderlandów, (*volkstümlich*) Holandia
Norwegen	Norwegia
Österreich	Austria
Portugal	Portugalia
Rumänien	Rumunia
Russland	Rosja
Schweden	Szwecja
Schweiz	Szwajcaria
Serbien	Serbia
Slowakei	Słowacja
Slowenien	Słowenia
Spanien	Hiszpania
Tschechien	Czechy
Türkei	Turcja
Ukraine	Ukraina
Ungarn	Węgry
Vereinigte Staaten von Amerika, USA	Stany Zjednoczone, USA
Vietnam	Wietnam
Weißrussland	Białoruś

Nationalität	Narodowość
◊ Bist du Deutscher/Deutsche?	Czy jesteś Niemcem/Niemką?
Ich bin Pole/Polin.	Jestem Polakiem/Polką.

* * *

Amerikaner/Amerikanerin	Amerykanin/Amerykanka
Argentinier/Argentinierin	Argentyńczyk/Argentynka
Australier/Australierin	Australijczyk/Australijka
Belgier/Belgierin	Belg/Belgijka
Bosnier/Bosnierin	Bośniak/Bośniaczka
Brasilianer/Brasilianerin	Brazylijczyk/Brazylijka
Brite/Britin	Brytyjczyk/Brytyjka
Bulgare/Bulgarin	Bułgar/Bułgarka
Chinese/Chinesin	Chińczyk/Chinka
Däne/Dänin	Duńczyk/Dunka
Deutscher/Deutsche	Niemiec/Niemka
Engländer/Engländerin	Anglik/Angielka
Este/Estin	Estończyk/Estonka
Finne/Finnin	Fin/Finka
Franzose/Französin	Francuz/Francuzka
Grieche/Griechin	Grek/Greczynka
Inder/Inderin	Hindus/Hinduska
Ire/Irin	Irlandczyk/Irlandka
Italiener/Italienerin	Włoch/Włoszka
Japaner/Japanerin	Japończyk/Japonka
Kanadier/Kanadierin	Kanadyjczyk/Kanadyjka
Koreaner/Koreanerin	Koreańczyk/Koreanka
Kroate/Kroatin	Chorwat/Chorwatka
Lette/Lettin	Łotysz/Łotyszka
Litauer/Litauerin	Litwin/Litwinka

Mazedonier/Mazedonierin	Macedończyk/Macedonka
Mexikaner/Mexikanerin	Meksykanin/Meksykanka
Moldawier, Moldauer/Moldawierin, Moldauerin	Mołdawianin/Mołdawianka
Niederländer, Holländer/Niederländerin, Holländerin	Niderlandczyk, (*volkstümlich*) Holender/Niderlandka, (*volkstümlich*) Holenderka
Norweger/Norwegerin	Norweg/Norweżka
Österreicher/Österreicherin	Austriak/Austriaczka
Pole/Polin	Polak/Polka
Portugiese/Portugiesin	Portugalczyk/Portugalka
Rumäne/Rumänin	Rumun/Rumunka
Russe/Russin	Rosjanin/Rosjanka
Schwede/Schwedin	Szwed/Szwedka
Schweizer/Schweizerin	Szwajcar/Szwajcarka
Serbe/Serbin	Serb/Serbka
Slowake/Slowakin	Słowak/Słowaczka
Slowene/Slowenin	Słoweniec/Słowenka
Spanier/Spanierin	Hiszpan/Hiszpanka
Tscheche/Tschechin	Czech/Czeszka
Türke/Türkin	Turek/Turczynka
Ukrainer/Ukrainerin	Ukrainiec/Ukrainka
Ungar/Ungarin	Węgier/Węgierka
Vietnamese/Vietnamesin	Wietnamczyk/Wietnamka
Weißrusse/Weißrussin	Białorusin/Białorusinka

◊ Was sind Sie von Beruf?	Kim pan/pani jest z zawodu?
Ich bin Chemiker (von Beruf).	(Z zawodu) jestem chemikiem.
Ich arbeite als Fahrer.	Pracuję jako kierowca.
Von Beruf bin ich Journalist, arbeite aber als Beamter.	Z zawodu jestem dziennikarzem, ale pracuję jako urzędnik.

* * *

Anwalt	adwokat
Arbeiter	robotnik
Architekt/Architektin	architekt
Arzt/Ärztin	lekarz/lekarka
Bäcker	piekarz
Barkeeper/Barkeeperin	barman/barmanka
Beamter/Beamtin	urzędnik/urzędniczka
Bergmann	górnik
Bildhauer/Bildhauerin	rzeźbiarz/rzeźbiarka
Biologe	biolog
Briefträger/Briefträgerin	listonosz/listonoszka
Chauffeur	szofer
Chemiker	chemik
Designer/Designerin	projektant/projektantka
Dichter/Dichterin	poeta/poetka
Dienstmädchen	gosposia
Dirigent/Dirigentin	dyrygent/dyrygentka
Dolmetscher/Dolmetscherin	tłumacz ustny/tłumaczka ustna
Fahrer	kierowca
Feuerwehrmann	strażak
Fleischer	rzeźnik
Geodät	geodeta

Geschäftsinhaber/Geschäftsinhaberin	właściciel sklepu/właścicielka sklepu
Geschäftsmann	biznesmen
Handwerker	rzemieślnik
Hausfrau	gospodyni domowa
Hüttenarbeiter	hutnik
Informatiker	informatyk
Ingenieur	inżynier
Journalist/Journalistin	dziennikarz/dziennikarka
Jurist	prawnik
Juwelier	jubiler
Kaufmann	kupiec
Kellner/Kellnerin	kelner/kelnerka
Kindermädchen, Kinderfrau	opiekunka do dziecka
Klempner	hydraulik
Koch/Köchin	kucharz/kucharka
Komponist/Komponistin	kompozytor/kompozytorka
Konditor	cukiernik
Krankenpfleger/Krankenpflegerin	pielęgniarz/pielęgniarka
Künstler/Künstlerin	artysta/artystka
Lehrer/Lehrerin	nauczyciel/nauczycielka
Maler/Malerin	malarz/malarka
Mathematiker	matematyk
Mechaniker	mechanik
Metzger	rzeźnik
Moderator/Moderatorin	prezenter/prezenterka
Musiker	muzyk
Ordensschwester, Nonne	zakonnica
Physiker	fizyk

Pianist/Pianistin	pianista/pianistka
Pilot	pilot
Polizist/Polizistin	policjant/policjantka
Priester	ksiądz
Professor	profesor
Psychologe	psycholog
Putzfrau	sprzątaczka
Redakteur/Redakteurin	redaktor/redaktorka
Regisseur	reżyser
Reporter/Reporterin	reporter/reporterka
Richter	sędzia
Sänger/Sängerin	piosenkarz/piosenkarka
Schauspieler/Schauspielerin	aktor/aktorka
Schneider/Schneiderin	krawiec/krawcowa
Schriftsteller/Schriftstellerin	pisarz/pisarka
Seemann	marynarz
Sekretär/Sekretärin	sekretarz/sekretarka
Soldat	żołnierz
Soziologe	socjolog
Tänzer/Tänzerin	tancerz/tancerka
Tischler	stolarz
Übersetzer/Übersetzerin	tłumacz/tłumaczka
Unternehmer	przedsiębiorca
vereidigter Übersetzer/vereidigte Übersetzerin	tłumacz przysięgły/tłumaczka przysięgła
Verkäufer/Verkäuferin	ekspedient, sprzedawca/ekspedientka, sprzedawczyni
Wirtschaftswissenschaftler/Wirtschaftswissenschaftlerin	ekonomista/ekonomistka

◊ Wo arbeiten Sie?	Gdzie pan/pani pracuje?
Ich arbeite bei (der Firma) …	Pracuję w (firmie) …
Ich bin nicht berufstätig.	Nie pracuję.
Ich bin Hausfrau/Hausmann.	Zajmuję się domem.
Ich bin arbeitslos.	Jestem bezrobotny/bezrobotna.
Ich bin im Ruhestand.	Jestem na emeryturze.
Ich bin Rentner/Rentnerin.	Jestem rencistą/rencistką. (*bezieht sich nicht auf die Arbeitsrente*).
Ich erhalte eine Altersrente.	Jestem emerytem/emerytką.
Ich suche gerade eine Arbeit.	Właśnie szukam pracy.
Ich habe gekündigt.	Odszedłem/Odeszłam z pracy.
Ich wurde entlassen.	Zostałem zwolniony./Zostałam zwolniona.
Ich arbeite in …	Pracuję na …
Teilzeit	część etatu
Vollzeit	cały etat
Ich arbeite in Schichten.	Pracuję w systemie zmianowym.
Ich mache ein Praktikum.	Jestem na praktykach/na stażu.
Ich bin noch in der Ausbildung.	Jeszcze się uczę.
Ich bin Schüler/Schülerin.	Jestem uczniem/uczennicą.
◊ In welche Klasse gehst du?	Do której klasy chodzisz?
Ich gehe in die erste Klasse.	Chodzę do pierwszej klasy.
◊ Welche Schule besuchst du?	Do jakiej szkoły chodzisz?
Ich besuche eine höhere Schule.	Chodzę do liceum.
Ich studiere noch.	Jeszcze studiuję.
Ich bin Student/Studentin.	Jestem studentem/studentką.

◊ Wo studierst du?	Gdzie studiujesz?
Ich studiere …	Studiuję …
an der Fakultät für Biologie	na wydziale biologii
an der Filmhochschule	w wyższej szkole filmowej
am Priesterseminar	w seminarium duchownym
an der Schauspielschule	w szkole teatralnej
an der Technischen Hochschule	na politechnice
an der Universität	na uniwersytecie
an der Wirtschaftshochschule	na uczelni ekonomicznej
◊ Was studierst du?	Co studiujesz?
Ich studiere …	Studiuję …
Anglistik	anglistykę, filologię angielską
Architektur	architekturę
Biologie	biologię
Chemie	chemię
Germanistik	germanistykę, filologię niemiecką
Geschichte	historię
Hispanistik und Lusitanistik	iberystykę
Informatik	informatykę
Internationale Beziehungen	stosunki międzynarodowe
Journalistik	dziennikarstwo
Jura	prawo
Kulturwissenschaft(en)	kulturoznawstwo
Management	zarządzanie
Mathematik	matematykę
Medizin	medycynę
Philosophie	filozofię
Physik	fizykę

Politikwissenschaft/Politologie	politologię
Psychologie	psychologię
Romanistik	romanistykę, filologię romańską
Soziologie	socjologię
Wirtschaftswissenschaft(en)	ekonomię
◊ In welchem Semester bist du?	Na którym jesteś roku?
Im ersten.	Na pierwszym.
Ich schreibe meine Magisterarbeit.	Piszę pracę magisterską.
Ich mache meinen Doktor in Psychologie.	Robię doktorat z psychologii.

Entschuldigen Sie bitte, wie viel Uhr ist es/wie spät ist es?	Przepraszam, która godzina?
◊ Es ist neun.	Jest dziewiąta.
◊ Viertel vor neun.	Za kwadrans dziewiąta.
◊ Viertel nach neun.	Kwadrans po dziewiątej.
◊ Halb sechs.	Wpół do szóstej.
◊ Zehn nach sechs.	Dziesięć po szóstej.
◊ Zwanzig vor vier.	Za dwadzieścia czwarta.
Um wie viel Uhr hat es angefangen?	O której się zaczęło?
Um wie viel Uhr endet es?	O której się kończy?
◊ Um zwölf.	O dwunastej.
Um wie viel Uhr öffnen Sie?	O której (godzinie) państwo otwierają?
◊ (Kurz) vor zwei.	Przed drugą.
◊ (Kurz) nach drei.	Po trzeciej.
◊ In drei Stunden.	Za trzy godziny.
◊ In fünf Minuten.	Za pięć minut.
◊ Zwischen neun und zehn.	Między dziewiątą a dziesiątą.
◊ Wir arbeiten von zehn bis achtzehn Uhr.	Pracujemy od dziesiątej do osiemnastej.
Wie lange wird das dauern?	Jak długo to potrwa?
◊ Ungefähr zwei Stunden.	Około dwóch godzin.
◊ Wir bleiben ein paar Stunden hier.	Będziemy tu kilka godzin.

* * *

Sekunde	sekunda
Minute	minuta
Viertelstunde	kwadrans
halbe Stunde	pół godziny

Dreiviertelstunde	czterdzieści pięć minut
Stunde	godzina
vierundzwanzig Stunden	doba
vorgestern	przedwczoraj
gestern	wczoraj
heute	dziś
morgen	jutro
übermorgen	pojutrze
Sonnenaufgang	wschód słońca
vor Sonnenaufgang	przed wschodem słońca
bei Sonnenaufgang	o wschodzie słońca
nach Sonnenaufgang	po wschodzie słońca
Morgen	rano, poranek
am Morgen, morgens, früh	o poranku, rano
Mittag	południe
am Vormittag, vormittags	przed południem
am Mittag, mittags	w południe
gegen Mittag	koło południa
Nachmittag	popołudnie
am Nachmittag, nachmittags	po południu
Abend	wieczór
am Abend, abends	wieczorem
Sonnenuntergang	zachód słońca
vor Sonnenuntergang	przed zachodem słońca
bei Sonnenuntergang	o zachodzie słońca
nach Sonnenuntergang	po zachodzie słońca
Nacht	noc
vor Einbruch der Nacht	przed zmrokiem
in der Nacht, nachts	w nocy

Mitternacht	północ
vor Mitternacht	przed północą
um Mitternacht	o północy
nach Mitternacht	po północy
Tag	dzień
tagsüber, am Tag, tags, während des Tages	w dzień
jeden Tag	codziennie
vor zwei/drei/fünf/einigen Tagen	dwa/trzy/pięć/kilka dni temu
in zwei/drei/vier Tagen	za dwa/trzy/cztery dni
in fünf/sechs/einigen Tagen	za pięć/sześć/kilka dni
Woche	tydzień
vor einer Woche	tydzień temu
vor zwei/drei/vier Wochen	dwa/trzy/cztery tygodnie temu
vor fünf/sechs/einigen Wochen	pięć/sześć/kilka tygodni temu
diese Woche	w tym tygodniu
letzte Woche	w zeszłym tygodniu
in einer Woche	za tydzień
in zwei/drei/vier Wochen	za dwa/trzy/cztery tygodnie
in fünf/sechs/einigen Wochen	za pięć/sześć/kilka tygodni
Monat	miesiąc
vor einem Monat	miesiąc temu
vor zwei/drei/vier Monaten	dwa/trzy/cztery miesiące temu
vor fünf/sechs/einigen Monaten	pięć/sześć/kilka miesięcy temu
diesen Monat	w tym miesiącu

letzten Monat	w zeszłym miesiącu
in einem Monat	za miesiąc
in zwei/drei/vier Monaten	za dwa/trzy/cztery miesiące
in fünf/sechs/einigen Monaten	za pięć/sześć/kilka miesięcy
Halbjahr	półrocze
Jahr	rok
vor einem Jahr	rok temu
vor zwei/drei/vier Jahren	dwa/trzy/cztery lata temu
vor fünf/sechs/einigen Jahren	pięć/sześć/kilka lat temu
dieses Jahr	w tym roku
letztes Jahr	w zeszłym roku
in einem Jahr	za rok
in zwei/drei/vier Jahren	za dwa/trzy/cztery lata
in fünf/sechs/einigen Jahren	za pięć/sześć/kilka lat
ein halbes Jahrhundert	pół wieku
Jahrhundert	wiek
Saison	sezon
vor der Saison	przed sezonem
während/innerhalb der Saison	w sezonie
nach/außerhalb der Saison	po sezonie

* * *

ab und zu	od czasu do czasu
Augenblick	chwila
eben	przed chwilą
ein paar Mal, einige/mehrere Male	kilka razy
früh	wcześnie
zu früh	za wcześnie

früher, einmal	kiedyś
gelegentlich	od czasu do czasu
gerade	przed chwilą
gleich	za chwilę
häufig	często
immer, stets, jederzeit	zawsze
in der Pause	w przerwie
in Kürze	wkrótce
jetzt	teraz
kurz	krótko
lange	długo
langsam	wolno
letztens	ostatnio
manchmal	czasami
mehrmals	kilka razy
Moment	moment
nie, niemals	nigdy
noch	jeszcze
oft	często
pünktlich	punktualnie
rechtzeitig	w samą porę
regelmäßig	regularnie
schnell	szybko
schon	już
selten	rzadko
spät	późno
zu spät	za późno
von Zeit zu Zeit	od czasu do czasu
vor einem Augenblick	przed chwilą
vor kurzem	niedawno
vor langer Zeit	dawno temu

Wochentage	Dni tygodnia
Montag	poniedziałek
am Montag	w poniedziałek
montags	w poniedziałki
Dienstag	wtorek
am Dienstag	we wtorek
dienstags	we wtorki
Mittwoch	środa
am Mittwoch	w środę
mittwochs	we środy
Donnerstag	czwartek
am Donnerstag	w czwartek
donnerstags	w czwartki
Freitag	piątek
am Freitag	w piątek
freitags	w piątki
Samstag	sobota
am Samstag	w sobotę
samstags	w soboty
Sonntag	niedziela
am Sonntag	w niedzielę
sonntags	w niedziele

Monate	Miesiące
Januar	styczeń
im Januar	w styczniu
Februar	luty
im Februar	w lutym

März	marzec
im März	w marcu
April	kwiecień
im April	w kwietniu
Mai	maj
im Mai	w maju
Juni	czerwiec
im Juni	w czerwcu
Juli	lipiec
im Juli	w lipcu
August	sierpień
im August	w sierpniu
September	wrzesień
im September	we wrześniu
Oktober	październik
im Oktober	w październiku
November	listopad
im November	w listopadzie
Dezember	grudzień
im Dezember	w grudniu

Jahreszeiten	**Pory roku**
Jahreszeit	pora roku
um diese Jahreszeit, zu dieser Jahreszeit	o tej porze roku
Frühling	wiosna
im Frühling	wiosną, na wiosnę

Sommer	lato
im Sommer	latem, w lecie
Herbst	jesień
im Herbst	jesienią, na jesieni
Winter	zima
im Winter	zimą, w zimie

Osten	wschód
im Osten	na wschodzie
nach Osten	na wschód
Westen	zachód
im Westen	na zachodzie
nach Westen	na zachód
Norden	północ
im Norden	na północy
nach Norden	na północ
Süden	południe
im Süden	na południu
nach Süden	na południe

Nordosten	północny wschód
Nordwesten	północny zachód
Südosten	południowy wschód
Südwesten	południowy zachód

In welchem Teil des Landes wohnen Sie?	W której części kraju pan/pani mieszka?
Ich lebe im … des Landes.	Mieszkam na … kraju.
Osten	wschodzie
Westen	zachodzie
Norden	północy
Süden	południu

Feiertag	święto
kirchlicher Feiertag	święto kościelne
staatlicher Feiertag	święto państwowe

* * *

★Nowy Rok – 1 stycznia	Neujahr – 1. Januar
Trzech Króli – 6 stycznia	Heilige Drei Könige – 6. Januar
Środa Popielcowa, Popielec	Aschermittwoch
Niedziela Palmowa	Palmsonntag
★Wielkanoc	Ostern
Wielki Tydzień	Karwoche
Wielki Czwartek	Gründonnerstag
Wielki Piątek	Karfreitag
Wielka Sobota	Karsamstag
★Niedziela Wielkanocna	Ostersonntag
★Poniedziałek Wielkanocny	Ostermontag
Dzień Kobiet – 8 marca	Internationaler Frauentag – 8. März
★Święto Pracy – 1 maja	Tag der Arbeit – 1. Mai
★Rocznica uchwalenia Konstytucji 3 Maja	Tag der Verfassung – 3. Mai
Dzień Matki – 26 maja	Muttertag – 26. Mai
Święto Wniebowstąpienia Pańskiego	Christi Himmelfahrt
Święto Zesłania Ducha Świętego, Zielone Świątki	Pfingsten
Dzień Dziecka – 1 czerwca	Tag des Kindes – 1. Juni
★Boże Ciało	Fronleichnam

★ arbeitsfreier Tag

★Wniebowzięcie Najświętszej Marii Panny – 15 sierpnia	Mariä Himmelfahrt – 15. August
★Wszystkich Świętych – 1 listopada	Allerheiligen – 1. November
★Święto Niepodległości – 11 listopada	Unabhängigkeitstag – 11. November
Wigilia – 24 grudnia	Heiligabend – 24. Dezember
★Boże Narodzenie – 25-26 grudnia	Weihnachten – 25.-26. Dezember
Sylwester – 31 grudnia	Silvester – 31. Dezember

Breite	szerokość
Entfernung	odległość
Fassungsvermögen	pojemność
Fläche	powierzchnia
Geschwindigkeit	szybkość
Gewicht	waga, ciężar
Höhe	wysokość
Länge	długość
Maß	miara
Tiefe	głębokość
Volumen	objętość
Welche Höhe/Länge/Fläche hat …?	Jaką wysokość/długość/powierzchnię ma …?
Welches Volumen/Fassungsvermögen hat …?	Jaką objętość/pojemność ma …?
Wie viele Kilometer sind es bis …?	Ile kilometrów jest do …?
Mit welcher Geschwindigkeit fahren wir?	Z jaką prędkością jedziemy?
◊ Wir fahren (mit einer Geschwindigkeit von) … Kilometer(n) pro Stunde.	Jedziemy (z prędkością) … kilometrów na godzinę.
Wie viel wiegt …?	Ile waży …?

* * *

Millimeter	milimetr
Zentimeter	centymetr
Meter	metr
zwei Meter	dwa metry
Kilometer	kilometr
drei Kilometer	trzy kilometry

Gramm	gram
Dekagramm	dekagram
halbes Pfund	ćwierć kilo(grama)
halbes Kilo(gramm)	pół kilo(grama)
Kilo(gramm)	kilo(gram)
zwei Kilo(gramm)	dwa kilo(gramy)
Kubikzentimeter	centymetr sześcienny
Kubikmeter	metr sześcienny
Viertelliter	ćwierć litra
halber Liter	pół litra
Liter	litr
zwei Liter	dwa litry
Hektoliter	hektolitr
Quadratzentimeter	centymetr kwadratowy
Quadratmeter	metr kwadratowy
Hektar	hektar
Dutzend	tuzin
Paar	para
Stück	sztuka

Kardinalzahlen		Liczebniki główne
0	null	zero
1	eins	jeden
2	zwei	dwa
3	drei	trzy
4	vier	cztery
5	fünf	pięć
6	sechs	sześć
7	sieben	siedem
8	acht	osiem
9	neun	dziewięć
10	zehn	dziesięć
11	elf	jedenaście
12	zwölf	dwanaście
13	dreizehn	trzynaście
14	vierzehn	czternaście
15	fünfzehn	piętnaście
16	sechzehn	szesnaście
17	siebzehn	siedemnaście
18	achtzehn	osiemnaście
19	neunzehn	dziewiętnaście
20	zwanzig	dwadzieścia
21	einundzwanzig	dwadzieścia jeden
22	zweiundzwanzig	dwadzieścia dwa
30	dreißig	trzydzieści
40	vierzig	czterdzieści
50	fünfzig	pięćdziesiąt
60	sechzig	sześćdziesiąt
70	siebzig	siedemdziesiąt

80	achtzig	osiemdziesiąt
90	neunzig	dziewięćdziesiąt
100	hundert	sto
101	hundert(und)eins	sto jeden
110	hundertzehn	sto dziesięć
200	zweihundert	dwieście
300	dreihundert	trzysta
400	vierhundert	czterysta
500	fünfhundert	pięćset
600	sechshundert	sześćset
624	sechshundert-vierundzwanzig	sześćset dwadzieścia cztery
700	siebenhundert	siedemset
800	achthundert	osiemset
900	neunhundert	dziewięćset
1000	tausend	tysiąc
2000	zweitausend	dwa tysiące
5000	fünftausend	pięć tysięcy
10 000	zehntausend	dziesięć tysięcy
100 000	hunderttausend	sto tysięcy
1 000 000	eine Million	milion
1 000 153	eine Million hundert(und)drei-undfünfzig	milion sto pięćdziesiąt trzy

Ordinalzahlen	Liczebniki porządkowe
1. der erste	pierwszy
2. der zweite	drugi
3. der dritte	trzeci

4.	der vierte	czwarty
5.	der fünfte	piąty
6.	der sechste	szósty
7.	der siebte	siódmy
8.	der achte	ósmy
9.	der neunte	dziewiąty
10.	der zehnte	dziesiąty
11.	der elfte	jedenasty
12.	der zwölfte	dwunasty
13.	der dreizehnte	trzynasty
14.	der vierzehnte	czternasty
15.	der fünfzehnte	piętnasty
16.	der sechzehnte	szesnasty
17.	der siebzehnte	siedemnasty
18.	der achtzehnte	osiemnasty
19.	der neunzehnte	dziewiętnasty
20.	der zwanzigste	dwudziesty
21.	der einundzwanzigste	dwudziesty pierwszy
22.	der zweiundzwanzigste	dwudziesty drugi
30.	der dreißigste	trzydziesty
40.	der vierzigste	czterdziesty
50.	der fünfzigste	pięćdziesiąty
60.	der sechzigste	sześćdziesiąty
70.	der siebzigste	siedemdziesiąty
80.	der achtzigste	osiemdziesiąty
90.	der neunzigste	dziewięćdziesiąty
100.	der hundertste	setny
101.	der hundert(und)erste	sto pierwszy
110.	der hundert(und)zehnte	sto dziesiąty
200.	der zweihundertste	dwusetny

300.	der dreihundertste	trzechsetny
400.	der vierhundertste	czterechsetny
500.	der fünfhundertste	pięćsetny
600.	der sechshundertste	sześćsetny
624.	der sechshundert-vierundzwanzigste	sześćset dwudziesty czwarty
700.	der siebenhundertste	siedemsetny
800.	der achthundertste	osiemsetny
900.	der neunhundertste	dziewięćsetny
1000.	der tausendste	tysięczny
2000.	der zweitausendste	dwutysięczny
5000.	der fünftausendste	pięciotysięczny
10 000.	der zehntausendste	dziesięciotysięczny
100 000.	der hunderttau-sendste	stutysięczny
1 000 000.	der millionste	milionowy
1 000 153.	der einemillion-hundert(und)-dreiundfünfzigste	milion sto pięćdziesiąty trzeci

Bruchzahlen		**Ułamki**
1/2	einhalb	jedna druga
1/3	ein Drittel	jedna trzecia
1/4	ein Viertel	jedna czwarta
2/3	zwei Drittel	dwie trzecie
3/4	drei Viertel	trzy czwarte
0,1	ein Zehntel	jedna dziesiąta
0,01	ein Hundertstel	jedna setna
0, 001	ein Tausendstel	jedna tysięczna

Prozente	Procenty
1 % ein Prozent	jeden procent
einprozentig	jednoprocentowy
13 % dreizehn Prozent	trzynaście procent
dreizehnprozentig	trzynastoprocentowy

Mathematische Operationen	Działania matematyczne
Addieren	dodawanie
2 + 2 = 4	
zwei plus zwei gleich/ist/ ergibt vier	dwa dodać/plus dwa równa się cztery
Subtrahieren	odejmowanie
2 – 2 = 0	
zwei minus zwei gleich/ist/ ergibt null	dwa odjąć/minus dwa równa się zero
Multiplizieren	mnożenie
2 x 2 = 4	
zwei mal zwei gleich/ist/ ergibt vier	dwa razy dwa równa się cztery
Dividieren	dzielenie
4 : 2 = 2	
vier (geteilt) durch zwei gleich/ ist/ergibt zwei	cztery podzielić przez dwa równa się dwa

* * *

gerade Zahl	liczba parzysta
ungerade Zahl	liczba nieparzysta

◊ Welche sind Ihre Lieblingsfarben?	Jakie kolory pan/pani lubi?
Ich mag (die Farbe) … sehr gern.	Bardzo lubię kolor …
Haben Sie etwas Ähnliches?	Czy dostanę coś podobnego?
Diese Farbe gefällt mir sehr (gut).	Bardzo podoba mi się ten kolor.
Diese Farbe steht Ihnen gut.	W tym kolorze panu/pani do twarzy.
Gibt es/Haben Sie noch andere Farben?	Czy są jeszcze jakieś inne kolory?
In dieser Farbe fühle ich mich wohl.	W tym kolorze czuję się dobrze.

* * *

aschgrau	popielaty
beige	beżowy
blau	niebieski
braun	brązowy
gelb	żółty
goldfarben, goldfarbig	złoty
graphitgrau	grafitowy
grau	szary
grün	zielony
himmelblau	błękitny
k(h)akifarben, k(h)akifarbig	khaki
lachsfarben, lachsfarbig	łososiowy
lila	liliowy
marineblau	granatowy
oliv, olivgrün	oliwkowy
orange	pomarańczowy

pistaziengrün	pistacjowy
rosa	różowy
rot	czerwony
schwarz	czarny
silbern, silberfarben, silberfarbig	srebrny
türkis	turkusowy
violett	fioletowy
weiß	biały
zitronengelb	cytrynowy
blass	wyblakły
bunt	kolorowy
dunkel	ciemny
glänzend	błyszczący
grell	jaskrawy
hell	jasny
kräftig	żywy
matt	matowy
pastellen	pastelowy
schattiert	cieniowany
schmutzig	brudny
verwaschen	rozmyty

Wie ist die Wettervorhersage für heute?	Jaką pogodę zapowiadają na dziś?
Wie ist das Wetter heute?	Jaka jest dziś pogoda?
Hast du vielleicht die Wettervorhersage gehört?	Słuchałeś/Słuchałaś może prognozy pogody?
Wie viel Grad haben wir heute?	Ile jest dziś stopni?
Es ist …	Jest …
bewölkt	pochmurno
kühl	chłodno
(nass und) kalt	(mokro i) zimno
regnerisch	deszczowo
schlechtes Wetter	brzydko
schön	ładnie
schwül	parno
sehr heiß	upalnie
warm	ciepło
Was für ein herrliches Wetter!	Jaka wspaniała pogoda!
Die Sonne scheint.	Świeci słońce.
Es ist eine schreckliche Hitze.	Jest straszny upał.
Es sind über 30° C.	Jest ponad trzydzieści stopni.
Es hat sich abgekühlt.	Ochłodziło się.
Die Temperatur ist unter null gesunken.	Temperatura jest poniżej zera.
Wolken ziehen auf.	Chmurzy się.
Es sieht nach Regen aus.	Zanosi się na deszcz.
Es wird bestimmt regnen.	Będzie padać.
Ein Gewitter zieht auf.	Nadciąga burza.
Es blitzt.	Błyska się.
Es donnert.	Grzmi.
Es nieselt.	Mży.

Es gießt in Strömen.	Leje jak z cebra.
Was für ein heftiger Regen!	Co za ulewa!
Es regnet.	Pada deszcz.
Es fällt Schneeregen.	Pada deszcz ze śniegiem.
Es nieselt.	Pada drobny deszcz.
Es hagelt.	Pada grad.
Es schneit.	Pada śnieg.
Es wird Bodenfrost geben.	Będą przymrozki.
Es ist Frost.	Jest mróz.
Es liegt Reif.	Jest szron.
Es ist glatt.	Jest ślisko.
Es ist windig.	Jest wietrznie./Wieje wiatr.
Es weht ein stürmischer Wind.	Wieje porywisty wiatr.
Der Nebel verzieht sich.	Mgła opada.
Es kommt Nebel auf.	Mgła się podnosi.
Die Sichtweite beträgt ... Meter.	Widoczność wynosi ... metrów.
Der Schnee schmilzt.	Śnieg topnieje.
Schneeketten sind notwendig.	Konieczne są łańcuchy.
Das Wetter/Es ist wechselhaft.	Pogoda jest zmienna.
Das Wetter wird schlechter.	Pogoda się psuje.
Es soll wärmer werden.	Ma być cieplej.
Der Himmel scheint sich aufzuklären.	Chyba się przejaśnia.
Es gibt einen Regenbogen.	Pojawiła się tęcza.

* * *

Altweibersommer	babie lato
Auflockerungen	przejaśnienia
Bewölkung	zachmurzenie

Blitz	błyskawica/(*mit Donner*) piorun
Donner	grzmot
Ebbe	odpływ morza
Eis	lód
Flut	przypływ morza
Frost	mróz
Gewitter	burza
Himmel	niebo
Hoch	wyż
Luftdruck	ciśnienie atmosferyczne
Mond	księżyc
Nebel	mgła
Nieselregen	mżawka
Regen	deszcz
Reif	szron
Schnee	śnieg
Sonne	słońce
Stern	gwiazda
Tief	niż
Wetterbericht	komunikat o stanie pogody
Wettervorhersage	prognoza pogody
Wind	wiatr
Windgeschwindigkeit	prędkość wiatru
Windstärke	siła wiatru
Wolken	chmury

Appartement	apartament
Autobahnrasthof	zajazd
Campinghäuschen	domek kempingowy
Campingplatz	kemping
Herberge	hostel
Hotel	hotel
Jugendherberge	schronisko młodzieżowe
Motel	motel
Pension	pensjonat
Privatquartier	kwatera prywatna
Wirtshaus	karczma
Zeltplatz	pole namiotowe

BRAK WOLNYCH POKOI	Alle Zimmer besetzt
NOCLEGI	Übernachtungsmöglichkeit
POKOJE GOŚCINNE	Gästezimmer
WOLNE POKOJE	Zimmer frei

Hotel	**Hotel**
Ich suche ein gutes, möglichst preiswertes Hotel.	Szukam dobrego, w miarę taniego hotelu.
Welches ist das beste Hotel in dieser Gegend?	Jaki jest najlepszy hotel w tej okolicy?
Wo ist das nächste Hotel?	Gdzie jest najbliższy hotel?
Ich suche ein Hotel …	Szukam hotelu …
am See	nad jeziorem
in der Nähe der Innenstadt	w pobliżu centrum
in einer ruhigen Gegend	w spokojnej okolicy

Können Sie mir ein Hotel empfehlen?	Czy może mi pan/pani polecić jakiś hotel?
Wie komme ich am besten dorthin?	Czym najlepiej tam dojechać?
Wie komme ich dorthin?	Jak tam dojechać?

An der Rezeption	**W recepcji**
Ich habe bei Ihnen ein Zimmer auf den Namen … reserviert.	Zarezerwowałem/Zarezerwowałam u państwa pokój na nazwisko …
Haben Sie freie Zimmer?	Czy są wolne pokoje?
◊ Leider sind alle besetzt.	Niestety, wszystkie zajęte.
◊ Ja. Was für ein Zimmer hätten Sie gern?	Tak. Jaki pokój pan/pani sobie życzy?
Ich möchte gern ein Appartement mieten.	Chciałbym/Chciałabym wynająć apartament.
Ich hätte gern …	Proszę …
ein Einzelzimmer	pokój jednoosobowy
ein Doppelzimmer	pokój dwuosobowy
ein Zimmer für drei Personen	pokój trzyosobowy
ein Zimmer mit zwei Betten	pokój z dwoma łóżkami
ein Zimmer mit einem Doppelbett	pokój z łożem małżeńskim
ein Zimmer mit Dusche	pokój z prysznicem
Bekomme ich ein Zimmer …?	Czy dostanę pokój …?
im ersten Stock	na pierwszym piętrze
mit Bad	z łazienką
mit Blick aufs Meer	z widokiem na morze
Ich hätte gern zwei Zimmer nebeneinander.	Proszę dwa pokoje obok siebie.

Ist das Zimmer behindertengerecht?	Czy pokój jest dostosowany dla osób niepełnosprawnych?
Wie viel kostet eine Übernachtung mit Vollpension pro Person?	Ile kosztuje doba z pełnym wyżywieniem dla jednej osoby?
Wie viel kostet ein Zimmer mit Frühstück?	Ile kosztuje pokój ze śniadaniem?
Kann ich mir das Zimmer ansehen?	Czy mogę obejrzeć ten pokój?
Ist eine Aufbettung für ein Kind möglich?	Czy można dostawić łóżko dla dziecka?
Ich nehme dieses Zimmer.	Biorę ten pokój.
Dieses Zimmer gefällt mir nicht, zeigen Sie mir bitte ein anderes.	Nie podoba mi się ten pokój, proszę mi pokazać inny.
Gibt es noch ein anderes freies Zimmer?	Czy jest jakiś inny wolny pokój?
Könnte ich das Zimmer wechseln?	Czy mógłbym/mogłabym zamienić pokój?
Was ist im Preis inbegriffen?	Co jest wliczone w cenę?
◊ Im Preis ist/sind … inbegriffen.	W cenę wliczamy …
das Frühstück	śniadanie
die Parkgebühren	opłaty parkingowe
◊ Im Preis ist die Nutzung … inbegriffen.	W cenę jest wliczone korzystanie z …
des Fitnessstudios	siłowni
des Internets	internetu
der Sauna	sauny

des Schwimmbads	basenu
des Wellnessbereichs	gabinetu odnowy biologicznej
◊ Auf dem Zimmer gibt es …	W pokoju jest …
ein Bad mit Badewanne	łazienka z wanną
ein Bad mit Dusche	łazienka z prysznicem
eine Bar	barek
einen Fernseher	telewizor
einen Internetanschluss	internet
Kabelfernsehen	telewizja kablowa
eine Klimaanlage	klimatyzacja
Telefon	telefon
Sind … auf dem Zimmer erlaubt?	Czy w pokoju mogę trzymać …?
Hunde	psa
Kanarienvögel/Papageien im Käfig	klatkę z kanarkiem/z papugą
Katzen	kota
Wo kann ich mein Auto abstellen?	Gdzie mogę postawić samochód?
◊ Bitte füllen Sie das Formular aus.	Proszę wypełnić formularz.
◊ Ihren … bitte.	Poproszę pana/panią o …
Pass	paszport
Personalausweis	dowód osobisty
◊ Den Pass können Sie … abholen.	Paszport może odebrać pan/pani …
in einer Stunde	za godzinę
morgen	jutro
◊ Bitte unterschreiben Sie hier.	Proszę tu podpisać.

Zahle ich im Voraus?	Czy płacę z góry?
◊ Nein, bei der Abreise.	Nie, przy wyjeździe.
◊ Das ist der Schlüssel zu Ihrem Zimmer.	To jest klucz do pana/pani pokoju.
◊ Sie haben das Zimmer Nr. …	Ma pan/pani pokój numer …

Fragen und Bitten	**Pytania i prośby**
Meinen Schlüssel/Meine Schlüsselkarte bitte.	Proszę mój klucz/kartę.
Wo kann ich hier telefonieren?	Skąd mogę zadzwonić?
Wie funktioniert …?	Jak działa …?
Um wie viel Uhr gibt es Frühstück/Abendessen?	O której jest śniadanie/kolacja?
Wo ist der Speiseraum?	Gdzie jest jadalnia?
Könnte ich um … Uhr geweckt werden?	Chciałem/Chciałam zamówić budzenie na …
Bitte wecken Sie mich um …	Proszę mnie obudzić o …
Bitte stellen Sie keine Gespräche/Anrufe zu mir durch.	Proszę nie łączyć do mnie rozmów.
Gab es Anrufe für mich?	Czy ktoś do mnie dzwonił?
Gibt es Post für mich?	Czy jest dla mnie jakaś poczta?
Hat mir jemand eine Nachricht hinterlassen?	Czy ktoś zostawił dla mnie jakąś wiadomość?
Könnten Sie etwas für mich … aufbewahren?	Czy mogę zostawić coś …?
im Depot	w depozycie
im Safe	w sejfie
Wo kann ich Kleidung zum Bügeln abgeben?	Gdzie mogę zostawić ubranie do prasowania?

Könnten Sie mir das …?	Czy może pan/pani mi to …?
auswaschen	wyprać
bügeln	wyprasować
Könnten Sie mir das Frühstück aufs Zimmer bringen?	Czy mogę dostać śniadanie do pokoju?
Könnten Sie mir … aufs Zimmer bringen?	Proszę przynieść do mojego pokoju …
eine Flasche Mineralwasser	butelkę wody mineralnej
das Frühstück	śniadanie
Kaffee	kawę
Obst	owoce
Ich hätte gern …	Poproszę …
noch ein Kissen	o jeszcze jedną poduszkę
ein paar Kleiderbügel	o kilka wieszaków
eine zusätzliche Decke	o dodatkowy koc
ein zusätzliches Handtuch	o dodatkowy ręcznik
Ich habe mich ausgeschlossen.	Zatrzasnąłem/Zatrzasnęłam drzwi od mojego pokoju.
Ich habe meinen Schlüssel/meine Schlüsselkarte verloren.	Zgubiłem/Zgubiłam klucz/kartę.
Kann ich im Hotel Geld wechseln?	Czy w hotelu mogę wymienić pieniądze?
Gibt es in diesem Hotel ein Spielkasino?	Czy w tym hotelu jest kasyno?

Beanstandungen / **Zażalenia**

Ich kann das Fenster nicht öffnen. Könnten Sie mir helfen?	Nie mogę otworzyć okna. Proszę mi pomóc.

Hier ist es …	Tu jest …
zu heiß	za gorąco
zu kalt	za zimno
Könnten Sie … abstellen?	Czy może pan/pani wyłączyć …
die Heizung	ogrzewanie
die Klimaanlage	klimatyzację
In meinem Zimmer funktioniert … nicht.	W moim pokoju nie działa …
der Fernseher	telewizor
die Heizung	ogrzewanie
das Internet	internet
die Klimaanlage	klimatyzacja
das Telefon	telefon
In meinem Zimmer gibt es …	W moim pokoju nie ma …
keinen Aschenbecher	popielniczki
keine Handtücher	ręczników
kein Licht	światła
kein (warmes) Wasser	(ciepłej) wody
Die Bettwäsche in meinem Zimmer wurde nicht gewechselt.	Pościel w moim pokoju jest niezmieniona.
Das Zimmer ist nicht aufgeräumt.	Pokój jest niesprzątnięty.
Die Toilette/Das Waschbecken ist verstopft.	Toaleta/Umywalka jest zapchana.
Bitte wechseln Sie in meinem Zimmer die Glühbirne aus.	Proszę wymienić żarówkę w moim pokoju.
Ich möchte gern den Direktor sprechen.	Chciałbym/Chciałabym rozmawiać z dyrektorem.

Abreise	Wyjazd
◊ Wie lange beabsichtigen Sie zu bleiben?	Jak długo zamierza pan/pani zostać?
Wir reisen morgen ab.	Wyjeżdżamy jutro.
Ich reise heute Abend ab.	Wyjeżdżam dziś wieczorem.
Ich möchte das Zimmer räumen.	Chciałem/Chciałam zwolnić pokój.
Um wie viel Uhr muss ich das Zimmer spätestens verlassen?	O której najpóźniej muszę zwolnić pokój?
Ich möchte gern meinen Aufenthalt verlängern/verkürzen.	Chciałbym/Chciałabym przedłużyć/skrócić mój pobyt.
Meine Rechnung bitte.	Proszę o rachunek.
Bitte setzen Sie das auf meine Rechnung.	Proszę to dopisać do mojego rachunku.
Bitte stellen Sie die Rechnung auf die Firma … aus.	Poproszę wystawić rachunek na firmę …
Kann ich mit Karte zahlen?	Czy mogę zapłacić kartą?
Bitte tragen Sie mein Gepäck nach unten.	Proszę znieść mój bagaż na dół.
Bitte rufen Sie mir ein Taxi.	Proszę zawołać taksówkę.
Danke. Der Aufenthalt war sehr angenehm.	Dziękuję. Było bardzo przyjemnie.
Der Service war ausgezeichnet.	Obsługa była na bardzo wysokim poziomie.
Nächstes Jahr kommen wir bestimmt wieder.	Z pewnością wrócimy tu za rok.

Campingplatz, Zeltplatz	Kemping, pole namiotowe
Gibt es noch freie Plätze?	Czy są jeszcze wolne miejsca?
Haben Sie noch Platz …?	Czy znajdzie się jeszcze miejsce …?
für einen Campinganhänger	na przyczepę
für ein Zelt	na namiot
Kann ich hier …?	Czy można tu …?
den Wohnwagen abstellen	postawić przyczepę
das Zelt aufschlagen	rozbić namiot
◊ Sie bekommen einen Platz zugewiesen.	Wskażę panu/pani miejsce.
◊ Sie können sich selbst einen Platz aussuchen.	Może pan sam wybrać sobie miejsce.
Gibt es noch freie Campinghäuser?	Czy są jeszcze wolne domki?
Ich möchte gern ein Campinghaus mieten.	Chciałbym/Chciałabym wynająć domek kempingowy.
Wie hoch ist die Gebühr pro Tag …?	Ile kosztuje doba …?
für ein Auto	za samochód
für einen Campinganhänger	za przyczepę
für vier Personen	za cztery osoby
für ein Zelt	za namiot
Wie viel kostet …?	Ile się płaci …?
die Übernachtung	za nocleg
die Woche	za tydzień
Gibt es eine Ermäßigung für …?	Czy są zniżki dla …?
Kinder	dzieci

Schüler	uczniów
Studenten	studentów
Ich hätte gern einen Platz …	Poproszę miejsce …
am Rand	na skraju
im Schatten	w cieniu
in der Nähe …	w pobliżu …
unter den Bäumen	pod drzewami
Darf ich …?	Czy mogę …?
die Gasflasche austauschen	wymienić butlę gazową
mich an das Stromnetz anschließen	podłączyć się do prądu
Gibt es hier eine Küche?	Czy jest tu kuchnia?
Gibt es hier Duschen?	Czy są tu prysznice?
Kostet das extra?	Czy za to płaci się oddzielnie?
Kann man hier … leihen?	Czy można tu wypożyczyć …?
Feldbetten	łóżka polowe
Geschirr	naczynia kuchenne
Isomatten	karimaty
Luftmatratzen	materace nadmuchiwane
Schlafsäcke	śpiwory
Zelte	namioty
Wo sind die Toiletten?	Gdzie są toalety?

* * *

Autokühlschrank	lodówka samochodowa
Campingausrüstung	zestaw turystyczny
Campingbesteck	przybornik
Campingtisch	stolik kempingowy
Erste-Hilfe-Kasten	apteczka pierwszej pomocy
Gasflasche	butla gazowa

Gaskocher	kuchenka gazowa
Geschirr	naczynia
Grill	grill
Holzkohle	węgiel drzewny
Isomatte	karimata
Klappbett	łóżko składane
Klappstuhl	krzesło składane
Kompass	kompas
Kühlelement	wkład chłodzący do lodówki turystycznej
Kühltasche	lodówka turystyczna
Lampe	lampa
Leine	linka
Luftmatratze	materac dmuchany
Luftpumpe (für die Matratze)	pompka (do materaca)
Netzanschluss	podłączenie do prądu
Pfanne	patelnia
Rucksack	plecak
Schlafsack	śpiwór
Stecker	wtyczka
Taschenlampe	latarka
Taschenmesser	scyzoryk
Topf	garnek
Trinkwasser	woda pitna
Waschbecken	umywalka
Wasser	woda
Wasserbehälter	pojemnik na wodę
Wohnwagen	przyczepa kempingowa
Zelt	namiot
Zeltheringe	śledzie do namiotu

NIE ZOSTAWIAĆ ŚMIECI	Keinen Müll hinterlassen
ZAKAZ BIWAKOWANIA	Camping/Zelten verboten
ZAKAZ ROZPALANIA OGNISK	Feuermachen verboten

Jugendherberge	**Schronisko młodzieżowe**
Gibt es noch freie Plätze?	Czy są jeszcze wolne miejsca?
Ich hätte gern eine Unterkunft für zwei Personen.	Poproszę o nocleg dla dwóch osób.
Wie viele Personen sind in einem Zimmer untergebracht?	Ile łóżek jest w pokoju?
Wie viel kostet die Übernachtung?	Ile kosztuje doba?
Ist das Frühstück im Preis enthalten/inbegriffen?	Czy w cenę jest wliczone śniadanie?
Muss man eigene Schlafsäcke mitbringen?	Czy trzeba mieć własne śpiwory?
Gibt es rund um die Uhr warmes Wasser?	Czy ciepła woda jest przez cały czas?
Ab wie viel Uhr ist Nachtruhe?	Od której obowiązuje cisza nocna?

Agrotourismus	**Agroturystyka**
Gibt es freie Zimmer?	Czy są wolne pokoje?
Ich hätte gern ein Zimmer für eine Familie mit zwei Kindern …	Chciałbym/Chciałabym pokój dla rodziny z dwójką dzieci …

für eine Woche	na tydzień
für ein Wochenende	na weekend
für zwei Wochen	na dwa tygodnie
für einen Monat	na miesiąc
Wie viele Betten gibt es auf dem Zimmer?	Ile łóżek jest w pokoju?
Wie viel kostet eine Übernachtung pro Person?	Ile kosztuje doba dla jednej osoby?
Gibt es eine Ermäßigung für Kinder?	Czy są zniżki dla dzieci?
Sind Haustiere auf dem Zimmer erlaubt?	Czy można w pokoju trzymać zwierzęta domowe?
Ist … im Preis enthalten/inbegriffen?	Czy w cenę wliczono …?
die Kurtaxe	opłatę klimatyczną
die Verpflegung	wyżywienie
Hat das Zimmer …?	Czy pokój ma …?
ein separates Bad	osobną łazienkę
einen separaten Eingang	osobne wejście
Hat das Zimmer …?	Czy w pokoju jest …?
einen Balkon	balkon
einen Fernseher	telewizor
ein Telefon	telefon
Gibt es eine Gemeinschaftsküche?	Czy kuchnia jest wspólna?
Um wie viel Uhr gibt es …?	O której jest …?
Frühstück	podawane śniadanie
Mittagessen	podawany obiad
Abendessen	podawana kolacja

Kann ich meinen Wagen in die Garage stellen?	Czy mogę wstawić samochód do garażu?
Gibt es hier einen Internetanschluss?	Czy mogę się tu podłączyć do internetu?
Ist das ein Biobetrieb?	Czy to gospodarstwo ekologiczne?
Stammen die Lebensmittel aus eigenem Anbau?	Czy żywność pochodzi z państwa gospodarstwa?
Welche Unterhaltungsmöglichkeiten gibt es hier?	Jakie są tu rozrywki?
◊ Wir bieten … an.	Proponujemy …
Angeln	wędkowanie
Bootsfahrten auf dem See	pływanie po jeziorze
Reiten	jazdę konną
◊ Hier in der Nähe ist …	W pobliżu jest …
ein Fluss	rzeka
ein Gestüt	stadnina koni
ein Radweg	ścieżka rowerowa
ein See	jezioro
ein Wald	las
ein Wanderweg	szlak turystyczny
◊ Kinder können bei den landwirtschaftlichen Arbeiten helfen.	Dzieci mogą pomagać w pracach w gospodarstwie.

GOSPODARSTWO AGROTURYSTYCZNE	Agrartouristischer Betrieb
POKOJE DO WYNAJĘCIA	Zimmer zu vermieten
TANIE NOCLEGI	Preiswerte Übernachtungsmöglichkeit

Ein Haus/Eine Wohnung mieten	Wynajmowanie domu/ mieszkania
Ich möchte gern Ihr Haus für … mieten.	Chciałbym/Chciałabym wynająć państwa dom na …
◊ Von wann bis wann?	W jakim terminie?
◊ In diesem Termin ist das Haus leider schon vermietet.	Niestety, w tym terminie dom jest już wynajęty.
Wann kann man das Haus mieten?	Kiedy można wynająć dom?
Ist das Haus komplett ausgestattet?	Czy dom jest kompletnie wyposażony?
Wo/Bei wem kann ich die Schlüssel abholen?	Gdzie/U kogo odbieram klucze?
Wo finde ich den Hausbesitzer/ Hausmeister?	Gdzie znajdę właściciela budynku/gospodarza budynku?
Ist/Sind … im Mietpreis inbegriffen?	Czy w cenę najmu …?
das Aufräumen beim Auszug	wliczone jest sprzątanie końcowe
die Stromkosten	wliczony jest prąd
die Wasserkosten	wliczona jest woda

Räume und Hausbestandteile	Pomieszczenia i elementy domu
Bad	łazienka
Balkon	balkon
Dachboden	poddasze

Eingang	wejście
Erdgeschoss	parter
Esszimmer	jadalnia
Fenster	okno
Flur	korytarz
Garage	garaż
Garderobe	garderoba
Keller	piwnica
Küche	kuchnia
Rollos	rolety
Salon	salon
Schlafzimmer	sypialnia
Stock(werk)	piętro
Terrasse	taras
Toilette	toaleta, ubikacja
Treppe	schody
Tür	drzwi
Wand	ściana
Wohnzimmer	pokój dzienny
Zimmer	pokój

Küche	**Kuchnia**
Arbeitsplatte	blat kuchenny
Backhandschuh	rękawica kuchenna
Backofen	piekarnik
Becher	kubek
Brotmesser	nóż do chleba
Dessertteller	talerzyk deserowy

Dosenöffner	otwieracz do puszek
Dunstabzugshaube	okap
Elektroherd	kuchenka elektryczna
Espressomaschine	ekspres do kawy ciśnieniowy
(Ess)besteck	sztućce
Esslöffel	łyżka do zupy
Essteller	talerz płaski
Filterkaffee-Maschine	ekspres do kawy przelewowy
Flaschenöffner	otwieracz do butelek
Gabel	widelec
Gasherd	kuchenka gazowa
Gefriergerät	zamrażarka
Geschirr	naczynia
(Geschirr)spülmaschine	zmywarka
Glas	szklanka/(*für Alkohol*) kieliszek
Handrührgerät, Handmixer	mikser
Herd	kuchenka
kabelloser Wasserkocher	czajnik bezprzewodowy
Kasserolle	rondel
Korkenzieher	korkociąg
Kuchengabel	widelczyk do ciasta
Küchenmaschine	robot kuchenny
Kühlschrank	lodówka
Löffel	łyżka
Messer	nóż
Mikrowellenherd	kuchenka mikrofalowa
Mülleimer	kubeł na śmieci
Pfanne	patelnia
Raspel	tarka

Schneidebrett	deska do krojenia
Schüssel	miska
Spüle	zlew
Suppenteller	talerz głęboki
Tasse	filiżanka
Teelöffel	łyżeczka
Teller	talerz
Toaster	toster
Topf	garnek
Topflappen	łapka do gorących naczyń
Untertasse	spodek
Wasserhahn	kran
Wasserkessel	czajnik
Wasserkocher	czajnik elektryczny

Bad	**Łazienka**
Badewanne (mit Hydromassage)	wanna (z hydromasażem)
Badteppich	dywanik łazienkowy
Dusche	prysznic
Duschkabine	kabina prysznicowa
Duschwanne	brodzik
Gasofen	piecyk gazowy
Haartrockner	suszarka do włosów
Handtuch	ręcznik
Handtuchhalter	wieszak na ręczniki
Heißwasserbereiter	bojler
Kacheln	kafelki, płytki
Nachttopf	nocnik

Schüssel	miednica
Seifenschale	mydelniczka
Toilettenbecken	miska klozetowa
Toilettensitz	deska sedesowa
Waschbecken	umywalka
Wäschekorb	kosz na (brudną) bieliznę
Wäschetrockner	suszarka do bielizny
Waschmaschine	pralka automatyczna
Whirlpool	jacuzzi

Möbel und Wohnaccessoires	**Meble i dodatki**
Anrichte	kredens
Bett	łóżko
Betttuch	prześcieradło
Bettwäsche	pościel
Bild	obraz
Bügeleisen	żelazko
Couch	kanapa
Decke	koc
Fernseher	telewizor
Frisiertisch	toaletka
Fußbodenbelag	wykładzina
Gardine	firanka
Gartenmöbel	meble ogrodowe
Hocker	stołek
Kissen	poduszka
Kissenbezug	powłoczka
kleiner Tisch	stolik

Kommode	komoda
Kronleuchter	żyrandol
Küchenschrank	szafka kuchenna
Lampe	lampa
Läufer	chodnik
Matratze	materac
Papierserviette	serwetka papierowa
Radio	radio
Regal	regał
Schrank	szafa
Schreibtisch	biurko
Serviette	serwetka
Sessel	fotel
Sofa	sofa
Spiegel	lustro
Staubsauger	odkurzacz
Steppdecke	kołdra
Stuhl	krzesło
Tagesdecke	narzuta
Teppich	dywan
Tisch	stół
Tischdecke	obrus
Überwurf	narzuta
Vorhang	zasłona

Bahnhof	**Dworzec kolejowy**
Entschuldigung, wo ist der Bahnhof?	Przepraszam, gdzie jest dworzec kolejowy?
Wie komme ich dorthin?	Jak mogę się tam dostać?

DWORZEC KOLEJOWY	Bahnhof
INFORMACJA	Information
KASA	Fahrkartenschalter
KASA MIĘDZYNARODOWA	Auslandsschalter
ODJAZDY	Abfahrt
PERON	Bahnsteig
POCZEKALNIA	Wartehalle
PRZECHOWALNIA BAGAŻU	Gepäckaufbewahrung
PRZYJAZDY	Ankunft
ROZKŁAD JAZDY	Fahrplan
SCHOWKI BAGAŻOWE	Schließfächer
SEKTOR	Abschnitt
TOALETY	Toiletten
TOR	Gleis

Wo sind …?	Gdzie są …?
die Fahrkartenschalter	kasy biletowe
die Schließfächer	schowki bagażowe
die Toiletten	toalety
Wo ist die Gepäckaufbewahrung?	Gdzie jest przechowalnia bagażu?
Wo finde ich einen Imbiss(stand)?	Gdzie tu można coś zjeść?
Ich hätte gern eine Fahrkarte zweiter Klasse nach …	Proszę bilet drugiej klasy do …

Wie viel muss ich zur ersten Klasse zuzahlen?	Ile muszę dopłacić do pierwszej klasy?
Ich hätte gern eine Fahrkarte mit Sitzplatzreservierung, am liebsten am Fenster.	Proszę bilet z miejscówką, najlepiej przy oknie.
Ich hätte gern einen Platz im Schlafwagen nach …	Proszę sypialny do …
Ich hätte gern einen Platz …	Proszę miejsce …
im Nichtraucherabteil	w przedziale dla niepalących
im Raucherabteil	w przedziale dla palących
Ich hätte gern einen Platz an der Tür.	Proszę miejsce przy drzwiach.
Ich hätte gern eine Fahrkarte für den Intercity(zug) nach …	Proszę bilet na (pociąg) InterCity do …
Gibt es irgendwelche Ermäßigungen?	Czy są jakieś zniżki?
Gibt es eine Ermäßigung …?	Czy jest zniżka …?
für Kinder	dla dzieci
für Studenten	dla studentów
Ich hätte gern eine Rückfahrkarte nach …	Proszę bilet powrotny do …
Wie viel kostet eine Fahrkarte nach …?	Ile kosztuje bilet do …?
Wie lange ist diese Fahrkarte gültig?	Jak długo ważny jest ten bilet?
Um wie viel Uhr fährt der nächste Zug nach …?	O której odchodzi najbliższy pociąg do …?
Welche ist die beste Verbindung nach …?	Jakie jest najlepsze połączenie do …?

Ist das eine direkte Verbindung?	Czy to jest bezpośrednie połączenie?
Muss ich umsteigen?	Czy muszę się przesiadać?
Wo muss ich umsteigen?	Gdzie muszę się przesiąść?
Von welchem Gleis geht der Zug nach …?	Z którego peronu odchodzi pociąg do …?
Wann kommt der Zug aus … an?	Kiedy przyjedzie pociąg z …?
Hat der Zug aus … Verspätung?	Czy pociąg z … ma opóźnienie?
Fährt der Zug nach … (auch) am Wochenende?	Czy pociąg do … kursuje (też) w weekendy?
Fährt dieser Zug während der Sommerferien?	Czy ten pociąg kursuje w czasie wakacji?
Hat dieser Zug …?	Czy w pociągu jest …?
einen Liegewagen	wagon z kuszetkami
einen Schlafwagen	wagon sypialny
einen Speisewagen	wagon restauracyjny
Wo kann ich mein Gepäck aufgeben?	Gdzie mogę nadać bagaż?
Bitte bringen Sie mein Gepäck …	Proszę zanieść mój bagaż …
auf Gleis …	na peron …
zum Taxistand/zu einem Taxi	do taksówki
zum Zug nach …	do pociągu do …
zur Gepäckaufbewahrung	do przechowalni
Ich möchte gern meinen Koffer …	Chciałbym/Chciałabym … walizkę.
aufgeben	zostawić
abholen	odebrać

Im Zug	W pociągu
Entschuldigung, sind hier Plätze frei?	Przepraszam, czy są tutaj wolne miejsca?
Entschuldigung, ist dieser Platz frei?	Przepraszam, czy to miejsce jest wolne?
Kann ich meinen Koffer hier hinstellen?	Czy mogę tu położyć walizkę?
Könnten Sie mir helfen, den Koffer auf die Ablage zu stellen?	Czy może mi pan pomóc położyć tę walizkę na półce?
Könnten Sie mir das Gepäck von der Ablage herunterheben?	Czy może mi pan zdjąć bagaż z półki?
Stört es Sie, wenn ich …?	Czy będzie panu/pani przeszkadzać, jeśli …?
das Fenster öffne	otworzę okno
rauche	zapalę
Könnten Sie das Fenster schließen?	Czy mogę prosić pana/panią o zamknięcie okna?
Kann ich die Heizung an-/abstellen?	Czy mogę włączyć/wyłączyć ogrzewanie?
Kann ich das Licht ein-/ausschalten?	Czy mogę włączyć/wyłączyć światło?
Entschuldigung, wo ist der Speisewagen?	Przepraszam, gdzie jest wagon restauracyjny?
◊ In der Mitte des Zuges.	W środku składu.
Entschuldigung, wo ist hier die Toilette?	Przepraszam, gdzie tu jest toaleta?
◊ Am Ende des Wagens.	Na końcu wagonu.

Ich suche den Schaffner.	Szukam konduktora.
◊ Er ist vorne im Zug.	Jest na początku pociągu.
Kann ich bei Ihnen eine Fahrkarte nach … lösen?	Czy mogę u pana/pani kupić bilet do …?
◊ Die Fahrkarten bitte.	Poproszę bilety do kontroli.
◊ Bitte zeigen Sie mir Ihren Ausweis.	Proszę pokazać legitymację.
◊ Sie sitzen im falschen Wagen.	Siedzi pan/pani w złym wagonie.
◊ Sie müssen zuzahlen.	Będzie pan musiał/pani musiała dopłacić.
Entschuldigung, um wie viel Uhr sind wir in …?	Przepraszam, o której dojedziemy do …?
Haben wir Verspätung?	Czy mamy opóźnienie?
Entschuldigen Sie bitte, ich möchte gern etwas schlafen. Könnten Sie mich wecken, wenn wir in … sind?	Przepraszam, zdrzemnę się trochę. Czy mógłby mnie pan/mogłaby mnie pani obudzić, jak dojedziemy do …?
Warum stehen wir?	Dlaczego stoimy?
Ist … schon vorbei?	Czy minęliśmy już …?
Entschuldigung, wie heißt die nächste Station?	Przepraszam, jaka jest najbliższa stacja?

* * *

Abteil	przedział
besetzt	zajęty
Bummelzug	pociąg osobowy
direkte Verbindung	bezpośrednie połączenie
direkter Zug	pociąg bezpośredni
D-Zug	pociąg pośpieszny
Eisenbahn	kolej

ermäßigte Fahrkarte	bilet ze zniżką
Ermäßigung	zniżka
Fahrkarte	bilet
Gepäck	bagaż
Gepäckaufgabe	nadawanie bagażu
Gepäckausgabe	odbiór bagażu
Gepäckwagen	wagon bagażowy
Halt	postój
Intercity(zug)	(pociąg) InterCity
Liegewagen	wagon z kuszetkami
planmäßige Ankunft	planowany przyjazd
Reise	podróż
Reservierung	rezerwacja
Rückfahrkarte	bilet powrotny
Schaffner	konduktor
Schlafwagen	wagon sypialny
Schnellzug	pociąg pośpieszny
Sitzplatzreservierung	miejscówka
Speisewagen	wagon restauracyjny
Station	stacja
Umstieg	przesiadka
Verspätung	opóźnienie

PRZYJEMNEJ PODRÓŻY! Angenehme Reise!

Entschuldigung, wo ist der Busbahnhof?	Przepraszam, gdzie jest dworzec autobusowy?
Wie komme ich dorthin?	Jak tam dojechać?
Entschuldigung, wo ist die Information?	Przepraszam, gdzie jest informacja?
Gibt es eine direkte Verbindung zu/nach …?	Czy jest bezpośrednie połączenie do …?
Mit welchem Bus komme ich zu/nach …?	Którym autobusem dojadę do …?
Von welchem Bussteig fährt der Bus zu/nach … ab?	Z którego stanowiska odjeżdża autobus do …?
Um wie viel Uhr fährt der Bus zu/nach … ab?	O której godzinie odjeżdża autobus do …?
Um wie viel Uhr fährt der nächste Bus?	O której godzinie jest następny autobus?
Ist das der Bus zu/nach …?	Czy to jest autobus do …?
Gibt es noch Plätze für den Bus nach …, der um … Uhr fährt?	Czy są jeszcze miejsca do … na godzinę …?
Ich hätte gern eine Fahrkarte nach …	Proszę bilet do …
Ich hätte gern auch eine Rückfahrkarte.	Poproszę też bilet powrotny.
Ich hätte gern zwei Fahrkarten nach …, die Plätze nebeneinander.	Poproszę dwa bilety do …, miejsca obok siebie.
Um wie viel Uhr sind wir in …?	O której godzinie będziemy w …?
Hält dieser Bus unterwegs?	Czy ten autobus zatrzymuje się po drodze?
An welcher Haltestelle muss ich aussteigen?	Na którym przystanku mam wysiąść?

Busbahnhof	dworzec autobusowy
Bussteig	stanowisko autobusu
Haltestelle	przystanek

Ich möchte gern zum Flughafen.	Chciałbym/Chciałabym się dostać na lotnisko.
Ist das weit von hier?	Czy to daleko stąd?
Von welcher Stelle fährt der Bus zum Flughafen ab?	Skąd odjeżdża autobus na lotnisko?
Mit welchem Bus komme ich zum Flughafen?	Którym autobusem dojadę na lotnisko?
Wo kann ich Busfahrkarten kaufen?	Gdzie mogę kupić bilet na autobus?
Wo ist …?	Gdzie jest …?
das LOT-Büro	biuro LOT-u
das Lufthansa-Büro	biuro Lufthansy

INFORMACJA	Information
KANTOR	Wechselstube
KASY BILETOWE	Ticketschalter
KRAJOWY PORT LOTNICZY	Inlandsflughafen
LOT ODWOŁANY	Flug storniert
LOT OPÓŹNIONY	Flug verspätet
LOTY KRAJOWE	Inlandsflüge
LOTY MIĘDZYNARODOWE	Internationale Flüge
MIĘDZYNARODOWY PORT LOTNICZY	Internationaler Flughafen
ODLOTY	Abflug
ODPRAWA CELNA	Zollabfertigung
ODPRAWA PASZPORTOWA	Passabfertigung
PRZYLOTY	Ankunft
TRANZYT	Transitraum, Transitreisende

Wann geht der Flug nach …?	Kiedy odlatuje samolot do …?
Bitte schreiben Sie mir die Ankunftszeit/Abflugzeit auf.	Proszę mi napisać godzinę przylotu/godzinę odlotu.
Gibt es noch Plätze für den nächsten Flug nach …?	Czy są jeszcze miejsca na najbliższy lot do …?
Wann geht der nächste Flug nach …?	Kiedy odlatuje następny samolot do …?
Ich möchte gern einen Flug nach … buchen.	Chciałbym/Chciałabym zarezerwować bilet do …?
◊ Economy Class oder Business Class?	W klasie ekonomicznej czy biznesowej?
Bekomme ich (noch) ein (Flug)ticket nach Danzig …?	Czy dostanę (jeszcze) bilet na samolot do Gdańska …?
für heute	na dziś
für morgen	na jutro
für nächsten Donnerstag	na przyszły czwartek
Ist das ein direkter Flug oder mit Zwischenlandung?	Czy to lot bezpośredni czy z międzylądowaniem?
Wo ist die Zwischenlandung?	Gdzie jest międzylądowanie?
Wie viel Gepäck darf ich mitnehmen?	Ile bagażu mogę wziąć ze sobą?
Wie viel muss ich für jedes zusätzliche Kilo zuzahlen?	Ile się płaci za każdy dodatkowy kilogram?
Ich möchte gern meine Buchung stornieren.	Chciałbym/Chciałabym odwołać rezerwację.
Ich möchte gern umbuchen.	Chciałbym/Chciałabym zmienić rezerwację.
◊ Ich wünsche (Ihnen) einen angenehmen Flug.	Życzę (państwu) miłego lotu.

Aussichtsterrasse	taras widokowy
Besatzung	załoga
Bord	pokład
Bordkarte	karta pokładowa
Business Class	klasa biznesowa
Crew	załoga
direkter Flug	lot bezpośredni
Düsenflugzeug	odrzutowiec
Duty-free-Shop	sklep wolnocłowy
Economy Class	klasa ekonomiczna
Flug mit Zwischenlandung	lot z międzylądowaniem
Flugbegleiter	steward
Flugbegleiterin	stewardesa
Flugzeug	samolot
Gate	bramka
Gepäck abfertigen	odprawić bagaż
Handgepäck	bagaż podręczny
Hubschrauber	helikopter, śmigłowiec
Inlandsflughafen	lotnisko krajowe
internationaler Flughafen	lotnisko międzynarodowe
Landung	lądowanie
offenes Ticket	bilet bez określonej daty powrotu
Passagier	pasażer
Passagierin	pasażerka
Pilot	pilot
Start	start
Steward	steward
Stewardess	stewardesa
stornierter Flug	odwołany lot
Ticket	bilet

Entschuldigung, wo ist …?	Przepraszam, gdzie jest …?
die Anlegestelle	przystań
der Hafen	port
Läuft von hier eine Fähre/ein Schiff nach … aus?	Czy stąd odpływa prom/statek do …?
Wann läuft ein Schiff nach … aus?	Kiedy odpływa statek do …?
Wie oft geht die Fähre nach …?	Jak często kursuje prom do …?
◊ Alle drei Stunden.	Co trzy godziny.
Um wie viel Uhr geht …?	O której odpływa następny …?
die nächste Fähre	prom
das nächste Schiff	statek
Wie lange dauert die Überfahrt?	Jak długo trwa rejs?
Gibt es auf dem Schiff eine Snackbar?	Czy na statku jest bufet?
Ist das Mittagessen im Ticketpreis enthalten?	Czy w cenę biletu wliczony jest obiad?
Wie lange werden wir im Hafen stehen?	Jak długo będziemy stać w porcie?
Wird man an Land gehen können?	Czy będzie można wyjść do portu?
Ich möchte gern für morgen … buchen.	Chciałbym/Chciałabym zamówić na jutro …
eine Doppelkabine	kabinę dwuosobową
eine Einzelkabine	kabinę jednoosobową
Ich hätte gern ein Ticket für zwei Personen und einen PKW.	Proszę bilet dla dwóch osób i na samochód osobowy.
Wie viel macht das?	Ile płacę?

Gibt es eine Ermäßigung …?	Czy są zniżki …?
für Kinder	dla dzieci
für Studenten	dla studentów
Entschuldigung, ich suche Kabine Nr. …	Przepraszam, szukam kabiny numer …
Wo sind die Liegestühle?	Gdzie są leżaki?

* * *

Besatzung, Crew	załoga
Fähre	prom
Kapitän	kapitan
Passagierschiff	statek pasażerski
Rettungsboot	szalupa ratunkowa
Rettungsgürtel	pas ratunkowy
Rettungsring	koło ratunkowe
Rettungsweste	kamizelka ratunkowa
Seemann	marynarz
Urlauberschiff	statek spacerowy

CZARNY PUNKT	Unfallschwerpunkt
DROGA ZAMKNIĘTA DLA RUCHU	Weg für den Verkehr gesperrt
DWORZEC PKP	Bahnhof
KONIEC	Ende
KONTROLA PRĘDKOŚCI	Geschwindigkeitskontrolle
KONTROLA RADAROWA	Radarkontrolle
MIĘKKIE POBOCZE	Schlechter Fahrbahnrand
MONITORING	Videoüberwachung
NIERÓWNA NAWIERZCHNIA	Unebene Fahrbahn
OBJAZD	Umleitung
OBOWIĄZUJE W GODZ. … - …	Gilt von … bis … Uhr
ODPRAWY CELNE	Zollabfertigungsstelle
PIESI!	Fußgänger!
POSTÓJ PŁATNY W GODZ. … - …	Gebührenpflichtiges Abstellen von … bis … Uhr
ROBOTY DROGOWE	Baustelle
STACJA PALIW	Tankstelle
STRAŻ (POŻARNA)	Feuerwehr
ŚLISKA NAWIERZCHNIA	Schleudergefahr
WŁĄCZ ŚWIATŁA MIJANIA	Abblendlicht einschalten
WYPADKI	Unfälle
ZACHOWAJ ODSTĘP	Abstand halten
ZAKAZ WYPRZEDZANIA	Überholverbot
ZWOLNIJ	Langsam fahren

Autoverleih	Wypożyczalnia samochodów
Entschuldigung, wo kann ich hier in der Nähe einen Wagen/ ein Auto mieten?	Przepraszam, gdzie tu można wypożyczyć samochód?
Wo ist der nächste Autoverleih?	Gdzie jest najbliższa wypożyczalnia samochodów?
Ich möchte gern einen Wagen … mieten.	Chciałbym/Chciałabym wynająć samochód …
mit Fahrer	z kierowcą
ohne Fahrer	bez kierowcy
Wie viel kostet ein Mietwagen …?	Ile kosztuje wynajęcie samochodu …?
pro Tag	na dobę
für zwei Tage	na dwie doby
pro Woche	na tydzień
pro Monat	na miesiąc
Wie hoch ist die Kaution?	Ile wynosi kaucja?
Zahle ich im Voraus?	Czy płacę z góry?
Kann ich mit Karte zahlen?	Czy mogę zapłacić kartą?
Um wie viel Uhr muss ich den Wagen/das Auto zurückbringen?	O której muszę oddać samochód?
Muss ich den Wagen vollgetankt zurückgeben?	Czy muszę oddać zatankowany samochód?
Haben Sie eine Straßenkarte von Polen?	Czy ma pan/pani mapę samochodową Polski?

Parken	Parkowanie
Wo kann ich hier den Wagen abstellen?	Gdzie mogę tu zostawić samochód?
Wo ist hier in der Nähe …?	Gdzie jest najbliższy …?
ein kostenloser Parkplatz	bezpłatny parking
ein überwachter Parkplatz	parking strzeżony
Darf man hier parken?	Czy można tu parkować?
Wie lange darf ich hier parken?	Jak długo mogę tu parkować?
Darf man hier den Wagen … abstellen?	Czy można tu zostawić samochód …?
für eine Woche	na tydzień
über Nacht	na noc
Werden diese Parkplätze überwacht?	Czy ten parking jest strzeżony?
Sind diese Parkplätze gebührenpflichtig?	Czy te miejsca do parkowania są płatne?
Wie hoch sind die Gebühren?	Ile wynoszą opłaty?
Wo ist der Parkautomat?	Gdzie jest parkomat?

WRZUĆ MONETĘ!	Münze einwerfen!

Darf man hier einen Anhänger abstellen?	Czy można tu postawić przyczepę?
Wie weit ist es von hier bis zur Innenstadt?	Jak daleko stąd do centrum?

NIEWŁAŚCIWIE ZAPARKOWANE POJAZDY ZOSTANĄ ODHOLOWANE NA KOSZT WŁAŚCICIELA
Widerrechtlich abgestellte Fahrzeuge werden kostenpflichtig abgeschleppt

TYLKO DLA MIESZKAŃCÓW ZAKAZ PARKOWANIA	Nur für Anwohner Parken verboten

Tankstelle	**Stacja paliw**

ETYLINA 95	Super
ETYLINA 98	Super Plus
GAZ	Autogas
KOMPRESOR	Kompressor
MYJNIA	Waschanlage
ODKURZACZ	Staubsauger
OLEJ NAPĘDOWY/ON	Treiböl/Diesel

Wo ist die nächste Tankstelle?	Gdzie jest najbliższa stacja benzynowa?
Wie viel kostet der Liter …?	Ile kosztuje litr …?
bleifreies Benzin	benzyny bezołowiowej
Treiböl	oleju napędowego
Voll tanken bitte.	Do pełna, proszę.
Bitte 50 Liter …	Poproszę pięćdziesiąt litrów …
Bitte prüfen Sie …	Proszę sprawdzić …
den Ölstand	poziom oleju
den Reifendruck	ciśnienie w oponach
Bitte füllen Sie Kühlwasser nach.	Proszę dolać wody do chłodnicy.
Wo kann ich den Wagen waschen?	Gdzie mogę umyć samochód?
Wo bekomme ich Jetons für die Waschanlage?	Gdzie dostanę żetony do myjni?

Unfall	Wypadek
Ich hatte einen Unfall.	Miałem/Miałam wypadek.
Ich bin mit diesem Wagen zusammengestoßen.	Zderzyłem/Zderzyłam się z tym samochodem.
Dieser Wagen ist auf mich aufgefahren.	Ten samochód najechał na mnie.
Nicht weit von hier hat sich ein Unfall ereignet.	Niedaleko stąd wydarzył się wypadek.
Es gibt Verletzte.	Są ranni.
Bitte rufen Sie …	Proszę wezwać …
die Feuerwehr	straż pożarną
den Pannendienst	pomoc drogową
die Polizei	policję
den Rettungsdienst	pogotowie ratunkowe
◊ Ist Ihnen nichts passiert?	Czy nic się panu/pani nie stało?
◊ Sind Sie verletzt?	Czy jest pan ranny/pani ranna?
◊ Würden Sie sich als Unfallzeuge zur Verfügung stellen?	Czy może pan/pani wystąpić jako świadek tego wypadku?
◊ Bitte geben Sie mir Ihren Namen und Ihre Adresse.	Proszę podać mi swoje nazwisko i adres.
Ich bin schuld.	To ja jestem winien/winna.
Das war nicht meine Schuld.	To nie była moja wina.
Dieser Fahrer ist entgegen der Fahrtrichtung gefahren.	Ten kierowca jechał pod prąd.
◊ Sind Sie versichert?	Czy ma pan/pani ważne ubezpieczenie?
Ich übernehme alle Kosten.	Pokryję wszystkie koszty.
◊ Ich bitte Sie um ein schriftliches Eingeständnis Ihrer Schuld.	Proszę o pisemne oświadczenie o pana/pani winie.

Verkehrspolizei	Policja drogowa
◊ Ihre Papiere bitte.	Dokumenty proszę!
◊ Bitte zeigen Sie mir Ihren Führerschein und die Fahrzeugpapiere.	Proszę pokazać prawo jazdy i dokumenty samochodu.
◊ Die Zulassung bitte.	Proszę o dowód rejestracyjny samochodu.
◊ Bitte halten Sie am Straßenrand.	Proszę zjechać na bok/na pobocze.
◊ Bitte steigen Sie aus dem Wagen.	Proszę wysiąść z samochodu.
◊ Bitte öffnen Sie den Kofferraum.	Proszę otworzyć bagażnik.
◊ Bitte schalten Sie … ein/aus.	Proszę włączyć/wyłączyć …
das Rücklicht	tylne światła
die Scheinwerfer	przednie światła
◊ Ich muss Ihnen einen Strafzettel ausstellen.	Muszę wypisać panu/pani mandat.
◊ Sie haben das Tempolimit überschritten.	Przekroczył pan/ Przekroczyła pani dozwoloną prędkość.
◊ Sie sind ohne Licht gefahren.	Jechał pan/Jechała pani bez włączonych świateł.
◊ Sie haben das Stopschild überfahren.	Nie zatrzymał się pan/Nie zatrzymała się pani przed znakiem stop.
◊ Sie haben an der Kreuzung die rote Ampel überfahren.	Przejechał pan/Przejechała pani skrzyżowanie na czerwonym świetle.
◊ Sie sind entgegen der Fahrtrichtung gefahren.	Jechał pan/Jechała pani pod prąd.

◊ Sie waren nicht angeschnallt.	Nie miał pan/Nie miała pani zapiętych pasów.
◊ Bitte schnallen Sie sich an!	Proszę zapiąć pasy!
◊ Hier dürfen Sie nicht parken!/ Hier ist Parken verboten!	Tu nie wolno parkować!
◊ Sie haben den Wagen an einer Stelle geparkt, wo Parken verboten ist.	Zaparkował pan/Zaparkowała pani na miejscu, gdzie obowiązuje zakaz parkowania.
◊ Haben Sie Alkohol getrunken?	Czy pił pan/piła pani alkohol?
◊ Bitte blasen Sie in die Tüte/ ins Röhrchen.	Proszę dmuchnąć w alkomat.
◊ Bitte zeigen Sie mir …	Proszę pokazać …
Ihr Ersatzrad	koło zapasowe
Ihren Feuerlöscher	gaśnicę
Ihren Verbandskasten	apteczkę
Ihr Warndreieck	trójkąt
◊ Diese Straße ist vorübergehend für den Verkehr gesperrt.	Ta droga jest chwilowo zamknięta dla ruchu.

Pannendienst **Autowerkstatt**	**Pomoc drogowa** **Warsztat samochodowy**
Könnten Sie mir helfen?	Czy mógłby mi pan pomóc?/ Czy mogłaby mi pani pomóc?
Ich weiß nicht, was passiert ist.	Nie wiem, co się stało.
Mein Wagen springt nicht an.	Mój samochód nie chce zapalić.

Ich kann den Motor nicht anlassen.	Nie mogę uruchomić silnika.
Am Motor ist etwas nicht in Ordnung.	Coś jest nie tak z silnikiem.
Der Motor setzt aus.	Silnik gaśnie.
Der Motor läuft ungleichmäßig.	Silnik pracuje nierównomiernie.
Der Motor klopft.	Coś stuka w silniku.
Die Bremsen funktionieren nicht.	Hamulce nie działają.
Die Scheibenwischer funktionieren schlecht.	Wycieraczki źle chodzą.
Ist hier in der Nähe eine Autowerkstatt?	Czy jest w pobliżu jakiś warsztat?
Bitte nehmen Sie mich zur nächsten Werkstatt mit.	Proszę mnie podwieźć do najbliższego warsztatu.
Könnten Sie mich abschleppen?	Czy może pan/pani wziąć mój samochód na hol?
Wo ist die nächste Vertragswerkstatt von …?	Gdzie jest najbliższa autoryzowana stacja obsługi …?
Könnten Sie mich zur nächsten Tankstelle mitnehmen? Das Benzin ist mir ausgegangen.	Czy może mnie pan/pani podwieźć do najbliższej stacji benzynowej? Skończyła mi się benzyna.
Wie lautet die Nummer des Pannendienstes?	Jaki jest numer pomocy drogowej?
Ich hatte einen Blechschaden.	Miałem/Miałam stłuczkę.
Mein Wagen ist in …	Mój samochód jest w …
Bitte wechseln Sie dieses Rad.	Proszę wymienić to koło.
Bitte laden Sie die Batterie auf.	Proszę naładować akumulator.

Bitte reinigen Sie die Zündkerzen.	Proszę oczyścić świece.
Bitte prüfen Sie die Bremsen.	Proszę sprawdzić hamulce.
Bitte stellen Sie den Vergaser richtig ein.	Proszę wyregulować gaźnik.
Bitte pumpen Sie die Reifen auf.	Proszę napompować koła.
Bitte prüfen Sie die Blinker.	Proszę sprawdzić kierunkowskazy.
Bitte wechseln Sie …	Proszę wymienić …
das Getriebeöl	olej w skrzyni biegów
den Luftfilter	filtr powietrza
das Motoröl	olej w silniku
den Ölfilter	filtr oleju
Könnten Sie den Auspufftopf schweißen?	Czy może pan zespawać tłumik?
Bitte wuchten Sie die Räder aus.	Proszę wyważyć koła.
Bitte ziehen Sie die Winterreifen auf.	Proszę zmienić opony na zimowe.
Das Benzin läuft aus.	Benzyna wycieka.
Die Fenster lassen sich nicht schließen.	Okna się nie domykają.
Könnten Sie das reparieren?	Czy może pan to naprawić?
Wie lange wird die Reparatur dauern?	Jak długo potrwa naprawa?
Wie viel wird das kosten?	Ile to będzie kosztowało?
Wann kann ich das Auto abholen?	Kiedy mogę odebrać samochód?
Bitte waschen Sie das Auto.	Proszę umyć samochód.

Abblendlicht	światła mijania
Airbag	poduszka powietrzna
Alarmanlage	alarm
Anlasser	rozrusznik
Antenne	antena
Armaturenbrett	tablica rozdzielcza
Auspuff	wydech
Auspuffrohr	rura wydechowa
Auspufftopf	tłumik
Außenspiegel	lusterko boczne
Auto	samochód
Automatik	automatyczna skrzynia biegów
Batterie	akumulator
Benzintank	zbiornik benzyny
Blinker	kierunkowskaz, migacz
Blinkgeber	przerywacz
Bremsanlage	układ hamulcowy
Bremse	hamulec
Bremsflüssigkeit	płyn hamulcowy
Bremslicht	światła hamowania/stop
Bremspedal	pedał hamulca
Dachgepäckträger	bagażnik na dachu
erster Gang	pierwszy bieg
Fahrzeug	pojazd
Federung	resor
Fernlicht	światła drogowe/długie
Gangschaltungssperre	blokada skrzyni biegów
Gaspedal	pedał gazu
Geschwindigkeitsmesser	prędkościomierz

Getriebe	skrzynia biegów
Glühbirne	żarówka
Handbremse	hamulec ręczny
Hupe	klakson
Innenbeleuchtung	oświetlenie wnętrza
Kanister	kanister
Karosserie	karoseria
Keilriemen	pasek klinowy
Kilometerzähler	licznik kilometrów
Klimaanlage	klimatyzacja
Klinke	klamka
Kofferraum	bagażnik
Kolben	tłok
Kopfstütze	zagłówek
Kotflügel	błotnik
Kraftstoffanzeige	wskaźnik poziomu paliwa
Kraftstoffpumpe	pompa paliwowa
Kraftstofftank	bak
Kühler	chłodnica
Kühlflüssigkeit	płyn do chłodnicy
Kupplung	sprzęgło
Kupplungspedal	pedał sprzęgła
Kurbelwelle	wał korbowy silnika
Leerlauf	bieg jałowy
Lenkrad	kierownica
Lenkradkralle	blokada kierownicy
Lenkung	układ kierowniczy
Lichtmaschine	prądnica
Luftfilter	filtr powietrza
Motor	silnik

Motorhaube	maska silnika
Nummernschild	tablica rejestracyjna
Ölfilter	filtr oleju
Ölmessstab	wskaźnik poziomu oleju
Ölpumpe	pompa oleju
Ölwechsel	wymiana oleju
Rad	koło
Reifen	opona
Reserverad	koło zapasowe
Rücklicht	światła tylne
Rückspiegel	lusterko wsteczne
Rückwärtsgang	bieg wsteczny
Schalthebel	drążek/dźwignia zmiany biegów
Scheibenwischer	wycieraczka szyby
Scheinwerfer	reflektor
Schraube	śruba
Sicherheitsgurt	pas bezpieczeństwa
Sicherung	bezpiecznik
Sommerreifen	opona letnia
Standlicht	światła postojowe/pozycyjne
Stoßstange	zderzak
Tacho(meter)	prędkościomierz
Tankverschluss	korek wlewu paliwa
Tür	drzwi
Türschloss	zamek drzwi
Uhr	zegar
Vergaser	gaźnik
Verteiler	rozdzielacz
Wagen	samochód

Warnblinkanlage	światła awaryjne
Warndreieck	trójkąt ostrzegawczy
Winterreifen	opona zimowa
Wischwasser	płyn do spryskiwaczy
Wischwasser für den Sommer	płyn do spryskiwaczy letni
Wischwasser für den Winter	płyn do spryskiwaczy zimowy
Zentralverriegelung	zamek centralny
Zündkerze	świeca zapłonowa
Zündspule	cewka zapłonowa
Zündung	zapłon

Wo ist …?	Gdzie jest …?
die nächste Bushaltestelle	najbliższy przystanek autobusowy
die nächste Straßenbahnhaltestelle	najbliższy przystanek tramwajowy
die nächste U-Bahn-Station	najbliższa stacja metra
Wo kann ich Fahrkarten kaufen?	Gdzie mogę kupić bilet?
◊ Am Kiosk.	W kiosku.
◊ Beim Fahrer.	U kierowcy.

Bus, Straßenbahn, U-Bahn	**Autobus, tramwaj, metro**
Mit welchem Bus komme ich …?	Jakim autobusem dojadę …?
zum Bahnhof	na dworzec kolejowy
zum Flughafen	na lotnisko
zum Hotel …	do hotelu …
zur Innenstadt	do centrum
Komme ich mit diesem Bus zu/nach …?	Czy tym autobusem dojadę do …?
Komme ich von dieser Haltestelle zu/nach …?	Czy z tego przystanku dojadę do …?
◊ Sie müssen die Straßenseite wechseln.	Musi pan/pani przejść na drugą stronę.
◊ Dieser Bus …	Ten autobus …
biegt hinter der nächsten Haltestelle rechts/links ab	skręca po następnym przystanku w prawo/lewo
hält hier nicht	tu się nie zatrzymuje
hat hier Endstation	ma tu końcowy przystanek

◊ Sie hätten an der vorherigen Haltestelle aussteigen müssen.	Przejechał pan/Przejechała pani przystanek.
◊ Der Bus hält an dieser Haltestelle nur bei Bedarf. Sie müssen …	To jest przystanek na żądanie. Musi pan/pani …
dem Fahrer winken	pomachać ręką
den Knopf drücken	nacisnąć przycisk
Fährt dieser Bus weiter geradeaus?	Czy ten autobus jedzie dalej prosto?
◊ Nein, er biegt links ab.	Nie, skręca w lewo.
In welche Richtung muss ich fahren?	W którą stronę mam jechać?
An welcher Haltestelle muss ich aussteigen?	Na którym przystanku mam wysiąść?
Von welchem Gleis fährt die U-Bahn in Richtung Innenstadt?	Z którego toru metro jedzie w stronę centrum?
Ich möchte gern zur Altstadt. An welcher Haltestelle muss ich aussteigen?	Na jakiej stacji muszę wysiąść, żeby się dostać na Stare Miasto?
Um wie viel Uhr fährt der erste Bus?	O której zaczynają jeździć autobusy?
Um wie viel Uhr fährt der letzte Bus?	O której odchodzi ostatni autobus?
Gibt es hier Nachtbusse?	Czy są tu nocne autobusy?
Um wie viel Uhr fährt die erste U-Bahn?	O której godzinie zaczyna jeździć metro?
Um wie viel Uhr fährt die letzte U-Bahn?	O której odjeżdża ostatnie metro?
Gibt es hier Aufzüge?	Czy są tutaj windy?

Ich hätte gern …	Proszę …
eine ermäßigte Fahrkarte	jeden bilet ulgowy
eine Fahrkarte zum Normaltarif	jeden bilet normalny
Gilt diese Fahrkarte auch für die U-Bahn?	Czy ten bilet obowiązuje też na metro?
◊ Ja, mit dieser Fahrkarte können Sie alle öffentlichen Verkehrsmittel nutzen.	Tak, na ten bilet może pan/pani jechać każdym środkiem komunikacji miejskiej.
Entschuldigung, wo ist der Entwerter?	Przepraszam, gdzie jest kasownik?
Wo kann ich diese Fahrkarte entwerten?	Gdzie mam skasować ten bilet?

BILETY DO KONTROLI!	Die Fahrausweise bitte!
LINKA ALARMOWA	Alarmschnur
OTWIERA SIĘ PRZYCISKIEM	Tür öffnet per Knopfdruck
POJAZD KLIMATYZOWANY	Klimatisiertes Fahrzeug
PO USŁYSZENIU SYGNAŁU NIE WSIADAĆ/NIE WYSIADAĆ	Nach dem Signalton bitte nicht einsteigen/aussteigen
PRZYSTANEK CZASOWO PRZENIESIONY	Haltestelle vorübergehend verlegt
SYGNAŁ ALARMOWY	Alarmsignal

Bedarfshaltestelle	przystanek na żądanie
Bus	autobus
Bushaltestelle	przystanek autobusowy
Depot	zajezdnia
Drei-Monats-Karte	bilet kwartalny
Endstation	przystanek końcowy
Entwerter	kasownik
ermäßigte Fahrkarte	bilet ulgowy
Fahrer	kierowca
Fahrkarte (für eine bestimmte Linie)	bilet (na określoną linię)
Gleis	peron
Haltestelle	przystanek
Haltestelle aufgehoben	przystanek zlikwidowany
Kontrolleur	kontroler
Linienbus	autobus miejski
Monatskarte	bilet miesięczny
Nachtbus	autobus nocny
Nahverkehrsbus	autobus podmiejski
Obushaltestelle	przystanek trolejbusowy
Straßenbahnfahrer	motorniczy
Straßenbahnhaltestelle	przystanek tramwajowy
Studententicket	bilet studencki
Tageskarte/24-Stunden-Ticket	bilet dobowy
U-Bahn-Station	stacja metra
vorübergehend eingerichtete Haltestelle	przystanek tymczasowy
Wochenkarte	bilet tygodniowy

ZJAZD DO ZAJEZDNI	Fährt ins Depot

Taxi	**Taksówka**
Ich möchte gern ein Taxi … bestellen.	Chciałem/Chciałam zamówić taksówkę …
auf den Namen …	na nazwisko …
für … Uhr	na godzinę …
zur …straße	na ulicę …
Wie lange muss ich warten?	Ile trzeba czekać?
◊ Das Taxi wartet schon.	Taksówka już czeka.

POSTÓJ TAKSÓWEK	Taxistand

Sind Sie frei?	Czy jest pan wolny?
Könnten Sie mein Gepäck in den Kofferraum stellen?	Czy może pan schować mój bagaż do bagażnika?
Zum Hotel/Zum Krankenhaus bitte.	Proszę do hotelu/do szpitala.
Zum Hauptbahnhof/Zum Flughafen bitte.	Proszę na dworzec główny/na lotnisko.
Zu dieser Adresse bitte.	Proszę pod ten adres.
Zur …straße Nr. …	Proszę na ulicę … numer …
Bitte folgen Sie diesem Auto.	Proszę jechać za tym samochodem.
Könnten Sie … fahren?	Czy może pan jechać …?
durch die Innenstadt	przez centrum
langsamer	wolniej
schneller	szybciej
Könnten Sie einen Augenblick auf mich warten?	Czy może pan poczekać na mnie chwilę?
Bitte halten Sie hier.	Proszę się tu zatrzymać.

Wie viel macht das?	Ile płacę?
Könnten Sie mir eine Quittung ausstellen?	Proszę o rachunek.
◊ Das ist schon die zweite Tarifzone.	To jest już druga strefa taryfowa.
◊ Um diese Zeit gilt der Nachttarif.	O tej porze obowiązuje taryfa nocna.
Der Rest ist für Sie. Danke.	Reszta dla pana. Dziękuję.
Stimmt so.	Reszty nie trzeba.

NA POMOC!	Hilfe!

Bitte rufen Sie die Polizei!	Proszę wezwać policję!
Wo ist das nächste Polizeirevier?	Gdzie jest najbliższy komisariat policji?
Ich möchte … melden.	Chciałem/Chciałam zgłosić …
einen Diebstahl	kradzież
einen Einbruch	włamanie
Ich möchte melden, dass mein Kind/eine ältere Person verschwunden ist.	Chciałem/Chciałam zgłosić zaginięcie dziecka/starszej osoby.
Ich möchte melden, dass mein Hund entlaufen ist.	Chciałem/Chciałam zgłosić zaginięcie psa.
Ich wurde …	Zostałem/Zostałam …
bestohlen	okradziony/okradziona
betrogen	oszukany/oszukana
überfallen	napadnięty/napadnięta
verprügelt	pobity/pobita
Ich habe … verloren.	Zgubiłem/Zgubiłam …
Geld	pieniądze
meine Brieftasche	portfel
meinen Fotoapparat	aparat fotograficzny
meinen Führerschein	prawo jazdy
meine Papiere	dokumenty
meinen Personalausweis	dowód osobisty
meine Wohnungsschlüssel	klucze do mieszkania
Mir wurde … gestohlen.	Skradziono mi …
meine Bankkarte	kartę do bankomatu
(das) Gepäck	bagaż
die Handtasche	torebkę

das Handy	telefon komórkowy
der Wagen	samochód
Ich habe … gefunden.	Znalazłem …
Autoschlüssel	kluczyki od samochodu
meinen Fotoapparat	aparat fotograficzny
Gepäck	czyjś bagaż
Ein Mann hat mich belästigt.	Jakiś mężczyzna mnie napastował.
◊ Bitte machen Sie eine Personenbeschreibung.	Proszę podać rysopis.
Ich habe mich verlaufen.	Zgubiłem się./Zgubiłam się.
Bitte bringen Sie mich zu/nach …	Proszę mnie zaprowadzić do …
In mein Auto wurde eingebrochen.	Ktoś się włamał do mojego samochodu.
Eine verdächtige Person schleicht ums Haus herum.	Ktoś podejrzany kręci się koło domu.
In der Wohnung über mir gibt es einen heftigen Streit.	W mieszkaniu na górze jest straszna awantura.
Ich habe mein Handgepäck im Zug/Bus gelassen.	Zostawiłem bagaż podręczny w pociągu/autobusie.
◊ Wann genau ist das passiert?	Kiedy dokładnie to się stało?
◊ Ihren Namen und Ihre Adresse bitte.	Pańskie nazwisko i adres proszę.
Hier ist meine Adresse. Bitte geben Sie mir Bescheid, wenn etwas gefunden wird.	Oto mój adres. Proszę mnie zawiadomić, gdyby coś się znalazło.
◊ Sie müssen sich an die deutsche Botschaft/das deutsche Konsulat wenden.	Musi się pan/pani zwrócić do niemieckiej ambasady/do niemieckiego konsulatu.

◊ Bitte füllen Sie dieses Formular aus.	Proszę wypełnić ten formularz.

* * *

Abschiebung	deportacja
Anwalt	adwokat
belästigen	napastować
Betrug	oszustwo
Bußgeld	grzywna
Dieb	złodziej
Diebstahl	kradzież
Durchsuchung	rewizja
einbrechen	włamać się
Einbruch	włamanie
Entführung	porwanie
Festnahme	zatrzymanie
Fundbüro	biuro rzeczy znalezionych
Gefängnis	więzienie
Gericht	sąd
Haft	areszt
Handschellen	kajdanki
Kaution	kaucja
konfiszieren	skonfiskować
Leibesvisitation	rewizja osobista
Mord	morderstwo
Polizeirevier	komisariat policji
Polizeiwagen	radiowóz
Polizist	policjant
Raubüberfall	rozbój
Richter	sędzia
Schmuggel	przemyt

Schuld	wina
sexuell belästigen	molestować
Strafzettel	mandat
Streife	patrol
Taschendieb	kieszonkowiec
tätlicher Angriff	pobicie
Totschlag	zabójstwo
Überfall	napad
Verbrechen	przestępstwo
Vergehen	wykroczenie
vergewaltigen	zgwałcić
Verhaftung	aresztowanie
Verhör	przesłuchanie
Veruntreuung	defraudacja
Waffe	broń
Zeuge	świadek

Entschuldigung, wo ist die nächste Bank?	Przepraszam, gdzie jest najbliższy bank?
Ich möchte gern diesen Scheck einlösen.	Chciałbym/Chciałabym zrealizować ten czek.
◊ Bitte gehen Sie an Kasse 2.	Proszę podejść do kasy numer dwa.
Erheben Sie Gebühren?	Czy bank pobiera prowizję?
Ich möchte gern ein Girokonto eröffnen.	Chciałbym/Chciałabym założyć konto.
◊ Ihren Pass/Personalausweis bitte.	Proszę o paszport/dowód.
◊ Bitte füllen Sie dieses Formular aus.	Proszę wypełnić ten formularz.
◊ Lesen Sie bitte den Vertrag durch.	Proszę przeczytać umowę.
◊ Bitte unterschreiben Sie hier.	Proszę się tu podpisać.
Ich möchte gern Geld auf dieses Konto einzahlen.	Chciałbym/Chciałabym wpłacić pieniądze na ten rachunek.
Ich möchte gern Geld von diesem Konto abheben.	Chciałbym/Chciałabym podjąć pieniądze z tego konta.
Ich möchte gern Geld auf dieses Konto überweisen.	Chciałbym/Chciałabym przelać pieniądze na to konto.
Ich möchte gern dieses Konto auflösen.	Chciałbym/Chciałabym zlikwidować to konto.
Ich möchte gern meinen Kontostand prüfen.	Chciałbym/Chciałabym sprawdzić stan mojego konta.
Ich hätte gern einen Kontoauszug.	Czy mogę prosić o wyciąg z mojego konta?

Wie viel kann ich höchstens abheben?	Ile maksymalnie mogę podjąć?
◊ Bitte setzen Sie den Betrag … ein.	Proszę wpisać kwotę …
in Ziffern	cyframi
in Worten	słownie
In 100-Zloty-Scheinen bitte.	Proszę wypłacić w banknotach stuzłotowych.
Entschuldigung, wo ist der nächste Geldautomat?	Przepraszam, gdzie jest najbliższy bankomat?
Dieser Geldautomat ist außer Betrieb.	Ten bankomat nie działa.
Der Geldautomat ist leer.	W bankomacie nie ma pieniędzy.
Der Geldautomat hat meine Karte einbehalten.	Bankomat zatrzymał mi kartę.
Der Geldautomat gibt … aus.	Bankomat nie chce wydać …
keinen Beleg	potwierdzenia
kein Geld	pieniędzy
Meine Bankkarte/Mein Scheckbuch wurde gestohlen.	Chciałem/Chciałam zgłosić kradzież karty/książeczki czekowej.
Bitte sperren Sie meine Bankkarte.	Chciałem/Chciałam zablokować kartę.
Entschuldigung, gibt es hier in der Nähe eine Wechselstube?	Przepraszam, czy w pobliżu jest jakiś kantor?
Wo kann ich am günstigsten Geld wechseln?	Gdzie najkorzystniej mogę wymienić pieniądze?

Wie ist der …?	Jaki jest …?
Ankaufskurs	kurs kupna
Verkaufskurs	kurs sprzedaży
Wechselkurs von … in …	kurs wymiany … na …
Ich möchte gern … in Zloty wechseln.	Chciałbym/Chciałabym wymienić … na złotówki.
Euro	euro
Dollar	dolary
Schweizer Franken	franki szwajcarskie

* * *

Aktien	akcje
auszahlen	wypłacić
Bank	bank
Bankfiliale	filia banku
Bankkarte	karta do bankomatu
Banknote	banknot
Bargeld	gotówka
Beleg	potwierdzenie
Betrag	kwota
Devisen	dewizy
Euro	euro
Formular	formularz
Gebühr	opłata
Gebühr für die Auszahlung am Geldautomaten	opłata za wypłatę z bankomatu
Geheimnummer	(numer) PIN
Geldautomat	bankomat
Geldschein	banknot
Geld umtauschen	wymienić pieniądze
Hartgeld	bilon

Kleingeld	drobne
Konto	konto, rachunek
Kontoauszug	wyciąg z konta
Kontoführungsgebühr	opłata za prowadzenie konta
Kredit	kredyt
Kreditkarte	karta kredytowa
Münze	moneta
Nennwert	nominał
PIN-Code, PIN	(numer) PIN
die PIN eingeben	wprowadzić PIN
Provision	prowizja
Reisescheck	czek podróżny
Scheck	czek
Scheckbuch	książeczka czekowa
Soll	debet
Summe	suma
Überweisung	przelew
Überweisungsgebühr	opłata za przelew
ungedeckter Scheck	czek bez pokrycia
US-Dollar	dolary amerykańskie
Währung	waluta
Wechselkurs	kurs wymiany
Wechselstube	kantor (wymiany walut)
Zahlungstermin	termin płatności
Zinsen	odsetki
Zinssatz	oprocentowanie

Entschuldigung, wo ist …?	Przepraszam, gdzie jest …?
die Hauptpost	poczta główna
die nächste Post	najbliższa poczta
In welche Richtung muss ich gehen, um zur Post zu gelangen?	W którą stronę muszę iść, żeby dojść do poczty?
Welche Öffnungszeiten hat die Post?	W jakich godzinach jest czynna poczta?
Ich hätte gern eine Briefmarke für …	Proszę znaczek na …
einen Auslandsbrief	list zagraniczny
einen Expressbrief	list priorytetowy
einen Inlandsbrief	list krajowy
Den Aufkleber für einen Expressbrief bitte.	Poproszę naklejkę na priorytet.
Wie viel kostet eine Briefmarke nach …?	Ile kosztuje znaczek do …?
Was für eine Briefmarke muss ich auf diesen Brief kleben?	Jaki znaczek muszę nakleić na ten list?
Ich hätte gern diese beiden Postkarten und zwei Briefmarken.	Proszę te dwie pocztówki i dwa znaczki.
Könnte ich Umschläge für diese Karten bekommen?	Czy dostanę koperty do tych kartek?
Wie viel kostet ein Einschreibebrief nach …?	Ile kosztuje list polecony do …?
Ich möchte gern ein Paket per Luftpost verschicken.	Chciałbym/Chciałabym wysłać paczkę pocztą lotniczą.

PRZYJMOWANIE I WYDAWANIE PACZEK I PRZESYŁEK
Annahme und Ausgabe von Paketen und Sendungen

WPŁATY – WYPŁATY
Einzahlungen – Auszahlungen

Ich möchte gern Geld überweisen.	Chciałbym/Chciałabym przesłać pieniądze.
Ich wurde benachrichtigt, dass eine Sendung für mich vorliegt.	Dostałem/Dostałam zawiadomienie o tym, że czeka na mnie przesyłka.
An welchem Schalter kann ich … abholen?	W którym okienku mogę odebrać …?
ein Einschreiben	przesyłkę poleconą
eine Sendung	przesyłkę
◊ Bitte ziehen Sie eine Nummer.	Proszę wziąć numerek.
Wo kann ich postlagernde Sendungen abholen?	Gdzie można odebrać przesyłki na poste restante?

* * *

Absender	nadawca
Adressat	adresat
Adresse/Anschrift	adres
Ansichtskarte	widokówka
Beleg	dowód nadania
Brief	list
Briefkasten	skrzynka na listy
Briefmarke	znaczek
Briefpapier	papier listowy, papeteria
Briefträger	listonosz

einfache Sendung	przesyłka zwykła
einfacher Brief	list zwykły
Einschreiben, eingeschriebene Sendung	przesyłka polecona
Einschreibebrief	list polecony
Empfänger	odbiorca
Expressbrief	list priorytetowy
Expresssendung	przesyłka priorytetowa
ein Formular ausfüllen	wypełnić druk
Geldsendung	przekaz pieniężny
Gewicht	waga
Luftpolsterumschlag	koperta z wkładem bąbelkowym
Nummer	numerek
Paket	paczka
Postanweisung	przekaz pocztowy
Postfach	skrytka pocztowa
Postgebühr	opłata pocztowa
Postkarte	pocztówka
postlagernde Sendungen	poste restante
Postleitzahl	kod pocztowy
Postleitzahlenbuch	książka kodowa
Postschalter	okienko pocztowe
Rückschein	potwierdzenie odbioru
Sendung	przesyłka
eine Überweisung ausfüllen	wypełnić przekaz
Umschlag	koperta
versicherte Sendung	przesyłka ubezpieczona
Wertsendung	przesyłka wartościowa

Gibt es hier ein Telefon?	Czy jest tu telefon?
Kann ich hier telefonieren?	Czy mogę stąd zatelefonować?
Könnte ich Ihr Telefon benutzen?	Czy mogę skorzystać z pana/pani telefonu?

TU POCZTA GŁOSOWA NUMERU … PROSZĘ ZOSTAWIĆ WIADOMOŚĆ PO USŁYSZENIU SYGNAŁU.
Hier ist die Mailbox des Anschlusses … Bitte hinterlassen Sie eine Nachricht nach dem Signalton.

TU MIESZKANIE … NIE MA MNIE TERAZ W DOMU. ZOSTAW WIADOMOŚĆ PO USŁYSZENIU SYGNAŁU.
Hier ist die Wohnung von … Ich bin gerade nicht zu Hause. Bitte hinterlasse eine Nachricht nach dem Signalton.

ABONENT CHWILOWO NIEDOSTĘPNY. PROSIMY SPRÓBOWAĆ PÓŹNIEJ.
Der Teilnehmer ist zurzeit nicht erreichbar. Bitte versuchen Sie es später noch einmal.

Wo ist die nächste Telefonzelle?	Gdzie jest najbliższa budka telefoniczna?
Ich suche ein Telefonbuch.	Szukam książki telefonicznej.
Wo kann ich eine Telefonkarte kaufen?	Gdzie mogę kupić kartę telefoniczną?
Bekomme ich bei Ihnen eine Telefonkarte?	Czy dostanę u pana/pani kartę telefoniczną?
◊ Ja, bitte?	Halo!/Słucham?
◊ Wer ist dran?	Kto mówi?

Guten Tag. Hier ist … Kann ich mit … sprechen?	Dzień dobry. Mówi … Czy mogę rozmawiać z …?
◊ Am Apparat.	Przy telefonie.
◊ Er ist leider nicht zu Hause.	Niestety nie ma go w domu.
Kann ich später noch einmal anrufen?	Czy mogę zadzwonić później?
Könnte er zurückrufen?	Czy mógłby do mnie oddzwonić?
Kann ich eine Nachricht hinterlassen?	Czy mogę zostawić wiadomość?
Könnten Sie ihm ausrichten, dass … angerufen hat?	Czy mógłby pan/mogłaby pani mu powiedzieć, że dzwonił …?
◊ Kein Anschluss unter dieser Nummer.	Nie ma takiego numeru.
◊ Sie haben sich verwählt.	Pomyłka.

* * *

Anrufbeantworter	automatyczna sekretarka
anrufen	dzwonić
Auslandsgespräch	rozmowa międzynarodowa
Durchwahl(nummer)	numer wewnętrzny
Ferngespräch	rozmowa międzymiastowa
Festnetztelefon	telefon stacjonarny
Freizeichen	sygnał
Geheimnummer	numer zastrzeżony
Gespräch	rozmowa
Handy	telefon komórkowy
das Handy aufladen	doładować komórkę
Hörer	słuchawka
(den Hörer) abheben	podnieść słuchawkę

(den Hörer) auflegen	odłożyć słuchawkę
kostenlose Infoline	bezpłatna infolinia
Mailbox	poczta głosowa
Nummer	numer
eine Nummer wählen	wybrać numer
Ortsgespräch	rozmowa miejscowa
Privatnummer	numer prywatny
R-Gespräch	rozmowa na koszt abonenta
Schnurlostelefon	telefon bezprzewodowy
eine SMS bekommen	dostać SMS
eine SMS verschicken	wysłać SMS
Teilnehmer	abonent
Telefon	telefon
Telefonbuch	książka telefoniczna
Telefonkarte	karta telefoniczna
Telefonzelle	budka telefoniczna
Verbindung	połączenie
Vorwahl(nummer)	numer kierunkowy
zurückrufen	oddzwonić

* * *

Gibt es hier ein Faxgerät?	Czy jest tutaj faks?
Von wo kann ich hier ein Fax versenden?	Skąd mógłbym/mogłabym wysłać faks?
Ich möchte gern ein Fax an … schicken.	Chciałbym/Chciałabym wysłać faks do …
Welche Nummer hat dieses Faxgerät?	Jaki jest numer tego faksu?
Könnte ich eine Sendebestätigung bekommen?	Proszę o potwierdzenie wysłania faksu.
Diese Seite ist unleserlich.	Ta strona jest nieczytelna.

Bitte schicken Sie das Fax noch einmal.	Proszę wysłać faks jeszcze raz.
◊ Diese Faxnummer antwortet nicht.	Ten numer faksu nie odpowiada.
◊ Das Fax ist angekommen/ wurde abgeschickt.	Faks doszedł/został wysłany.

Wo ist der nächste Kopierladen?	Gdzie jest najbliższy punkt ksero?
Ich möchte das gern … kopieren.	Chciałem/Chciałam odbić to …
beidseitig	dwustronnie
einmal	raz
einseitig	jednostronnie
zwei Mal	dwa razy
Ich hätte gern eine …	Proszę o …
Farbkopie	odbitkę kolorową
Schwarz-Weiß-Kopie	odbitkę czarno-białą
Bitte machen Sie Kopien von Seite … bis …	Poproszę o skserowanie od strony … do strony …
Das ist unleserlich.	To jest nieczytelne.
Bitte verkleinern Sie das Format.	Proszę zmniejszyć format.
Bitte vergrößern Sie das Format.	Proszę powiększyć format.
Ich möchte gern, dass diese beiden Seiten auf eine passen.	Chciałbym/Chciałabym, żeby te dwie strony zmieściły się na jednej.
Ich möchte gern diese Arbeit binden lassen.	Chciałbym/Chciałabym dać tę pracę do oprawy.
Ich möchte gern diese Arbeit heften lassen.	Chciałbym/Chciałabym zbindować tę pracę.
Wie viel wird das kosten?	Ile to będzie kosztować?

* * *

(Foto)kopie	ksero(kopia)
fotokopieren	kserować
(Foto)kopierer	ksero(kopiarka)
eine Kopie machen	robić odbitkę

Entschuldigung, wo ist das nächste Internetcafé?	Przepraszam, gdzie jest najbliższa kafejka internetowa?
Ich möchte gern …	Chciałbym/Chciałabym …
einen Computer nutzen	skorzystać z komputera
eine Datei ausdrucken	wydrukować dokument
E-Mails abrufen	sprawdzić (swoją) pocztę
dieses Foto scannen	zeskanować to zdjęcie
das Internet nutzen	skorzystać z internetu
Wie ist das Passwort?	Jakie jest hasło?
Wie viel kostet …?	Ile zapłacę za …?
die halbe Stunde	pół godziny
die Stunde	godzinę
Könnten Sie mir helfen?	Czy może mi pan/pani pomóc?
Die Tastatur funktioniert nicht.	Klawiatura nie działa.
Die Maus funktioniert nicht.	Myszka nie działa.
Der Computer ist abgestürzt.	Komputer się zawiesił.
Ich kann … auf der Tastatur nicht finden.	Nie mogę znaleźć na klawiaturze …
Die Verbindung ist sehr langsam.	Internet jest bardzo wolny.
Der Drucker reagiert nicht.	Drukarka nie odpowiada.
Bekomme ich bei Ihnen CDs?	Czy mogę kupić u Państwa płyty CD?

* * *

CD	płyta CD
CD-Brenner	nagrywarka CD
Computer	komputer
Datei	plik
Dateianhang	załącznik
Drucker	drukarka

DVD	płyta DVD
DVD-Brenner	nagrywarka DVD
E-Mail	poczta elektroniczna/(*Nachricht*) mail, e-mail
Farbausdruck	wydruk kolorowy
Informatik	informatyka
Internet	internet
Maus	mysz(ka)
Monitor	monitor
Ordner	folder
Scanner	skaner
Schwarz-Weiß-Ausdruck	wydruk czarno-biały
Software	oprogramowanie
Suchmaschine	wyszukiwarka
Tastatur	klawiatura
USB-Anschluss	port USB
USB-Stecker	wtyczka USB
Verbindung	połączenie
sich ausloggen	wylogować się
chatten	czatować
eine Datei herunterladen	ściągnąć plik
Daten speichern	zapisać dane
drucken	drukować
sich einloggen	zalogować się
E-Mails abrufen	sprawdzić pocztę
im Internet surfen	surfować po internecie
kopieren	kopiować
verlorene Daten retten	odzyskać dane

BAR	Bar
BAR Z KANAPKAMI	Sandwichbar
CUKIERNIA	Konditorei
GOSPODA	Gaststätte
HERBACIARNIA	Teehaus
KARCZMA	Wirtshaus, Schenke
KAWIARNIA	Café
KEBAB	Döner
KLUB NOCNY	Nachtclub
KURCZAK Z GRILLA	Hähnchengrill
LODY	Eisdiele
NALEŚNIKARNIA	Pfannkuchenhaus
OGRÓDEK KAWIARNIANY	Cafégarten
OGRÓDEK PIWNY	Biergarten
PIWIARNIA	Bierlokal
PIZZERIA	Pizzeria
PUB	Pub
RESTAURACJA	Restaurant
SMAŻALNIA RYB	Fischimbiss
STOŁÓWKA	Kantine
WINIARNIA	Weinlokal
ZAJAZD	Raststätte

Können Sie mir … empfehlen? Czy może mi pan/pani polecić …?

ein gutes (vegetarisches) Restaurant dobrą restaurację (wegetariańską)

ein preiswertes und gutes Restaurant tanią i dobrą restaurację

Ich möchte gern einen Tisch für zwei Personen reservieren.	Chciałbym/Chciałabym zarezerwować stolik dla dwóch osób.
Ich habe einen Tisch reservieren lassen. Mein Name ist …	Zarezerwowałem/Zarezerwowałam stolik. Moje nazwisko …
Ich bin hier mit jemandem verabredet.	Jestem tu z kimś umówiony/umówiona.
Ist … (noch) ein Tisch frei?	Czy jest (jeszcze) wolny stolik …?
am Fenster	przy oknie
auf der Terrasse	na tarasie
im Garten	w ogródku
oben	na piętrze
Haben Sie einen freien Tisch in einer ruhigen Ecke?	Czy jest wolny stolik w jakimś zacisznym miejscu?
Ich hätte gern einen Tisch für …	Poproszę stolik w sali dla …
Nichtraucher	niepalących
Raucher	palących
Ist dieser Platz frei?	Czy to miejsce jest wolne?
Entschuldigen Sie bitte, darf ich mich zu Ihnen setzen?	Przepraszam, czy mogę się przysiąść?
Ist dieser Stuhl frei?	Czy to krzesło jest wolne?

Bestellen — Zamawianie

Kann ich um … bitten?	Mogę prosić …?
die Speisekarte	kartę dań
die Weinkarte	kartę win

Können Sie mir etwas empfehlen? — Czy może mi pan/pani coś polecić?

Was ist die Spezialität des Hauses? — Co jest specjalnością tego lokalu?

Was gibt es heute als Tagesgericht? — Jakie jest danie dnia?

◊ Möchten Sie etwas trinken? — Czy podać coś do picia?

◊ Kann ich die Bestellung schon aufnehmen? — Czy mogę już przyjąć zamówienie?

Einen Augenblick noch. Ich warte auf jemanden. — Jeszcze chwilę. Czekam na kogoś.

Entschuldigung, aber ich warte immer noch auf … — Przepraszam, ale czekam nadal na …

Ich hätte gern … — Poproszę …

- das Frühstücksmenü — zestaw śniadaniowy
- das Mittagsmenü — zestaw obiadowy
- das Menü Nr. 2 — zestaw numer dwa

Ab wie viel Uhr kann man hier zu Mittag essen? — Od której godziny można tu dostać obiad?

Haben Sie vegetarische Gerichte? — Czy są tu potrawy wegetariańskie?

Könnte ich eine halbe Portion bekommen? — Czy mogę zamówić pół porcji?

Gibt es Kinderportionen? — Czy są porcje dla dzieci?

Ich hätte gern etwas Leichtes. — Proszę coś lekkostrawnego.

Wie lange muss ich warten? — Jak długo trzeba czekać?

Was könnten Sie mir am schnellsten bringen? — Na co najkrócej się czeka?

Eine Flasche Wein bitte. — Proszę butelkę wina.

Zwei Gläser Wein bitte. — Proszę dwie lampki wina.

Zwei Bier bitte.	Proszę dwa piwa.
Ein Glas Mineralwasser bitte.	Proszę szklankę wody mineralnej.
◊ Sprudelwasser?	Gazowanej?
Stilles Mineralwasser.	Niegazowanej.
Einen Saft bitte.	Proszę sok.
Eine heiße Schokolade bitte.	Proszę gorącą czekoladę.
Einen Tee bitte.	Proszę herbatę.
Zwei Kaffee mit Milch bitte.	Poproszę dwie kawy z mlekiem.
Könnten Sie mir Kaffeesahne bringen?	Czy mogę prosić o mleczko do kawy?
Einen Kaffee und dieses Stück Kuchen bitte.	Poproszę kawę i to ciastko.
◊ Möchten Sie sonst noch etwas?	Czy coś jeszcze?
Das ist vorerst alles.	Na razie dziękuję.
Danke, das ist alles.	Dziękuję, to wszystko.

SMACZNEGO!	Guten Appetit!

Ich setze mich nach draußen.	Będę siedział/siedziała na zewnątrz.
Darf man hier rauchen?	Czy wolno tu palić?
Könnten Sie mir einen Aschenbecher bringen?	Czy mogę prosić o popielniczkę?
Könnten Sie mir Streichhölzer bringen?	Czy mogę prosić o zapałki?
Zahle ich jetzt oder später?	Płacę teraz czy przy wyjściu?
◊ Ich hoffe, es hat Ihnen geschmeckt.	Mam nadzieję, że panu/pani smakowało.

Die Rechnung bitte.	Poproszę o rachunek.
Ist die Bedienung im Preis inbegriffen?	Czy obsługa jest wliczona?
Stimmt so.	Proszę zatrzymać resztę.
Bitte runden Sie auf 100 Zloty auf.	Proszę zaokrąglić do 100 złotych.
Entschuldigung, ich suche die Toilette.	Przepraszam, szukam toalety.
Entschuldigung, wo ist die Garderobe?	Przepraszam, gdzie jest szatnia?
Kann ich hier telefonieren?	Czy mogę stąd zadzwonić?

Toaste, Trinksprüche	**Toasty**
Auf das Glück!	Na szczęście!
Auf die Gesundheit!	Na zdrowie!
Hoch soll er/sie leben!	Sto lat!
Auf deine/Eure Gesundheit!	Twoje/Wasze zdrowie!
Alles Gute!	Wszystkiego najlepszego!
Auf unser Treffen!	Za nasze spotkanie!

Beschwerden	**Zażalenia**
Das Essen ist kalt.	Jedzenie jest zimne.
Das Fleisch ist nicht durch.	Mięso jest niedopieczone.
Bitte nehmen Sie das Essen zurück.	Proszę to zabrać.

Ich möchte … sprechen.	Proszę z …
den Chefkoch	szefem kuchni
den Leiter/den Manager	kierownikiem/menedżerem
Die Rechnung stimmt nicht.	Rachunek się nie zgadza.
Entschuldigung, das habe ich nicht bestellt.	Przepraszam, tego nie zamawiałem/zamawiałam.

* * *

Abendessen	kolacja
Aschenbecher	popielniczka
Besteck	sztućce
Bestellung	zamówienie
Brotscheibe	kromka
Champagnerglas	kieliszek do szampana
Chefkoch	szef kuchni
Dessert	deser
Dessertteller	talerzyk deserowy
Diabetiker	diabetyk
Feuerzeug	zapalniczka
flacher Teller	talerz płaski
Flasche	butelka
Frühstück	śniadanie
Gabel	widelec
Gedeck	nakrycie
Gericht	danie
Getränke	napoje
Gewürze	przyprawy
Glas	szklanka, (*für Alkohol*) kieliszek
halbe Portion	pół porcji
hausgemacht	domowej roboty

Kaffeetasse	filiżanka do kawy
Kanne	dzbanek
Karaffe	karafka
Kellner/Kellnerin	kelner/kelnerka
kleiner Teller	talerzyk
Knochen	kości
Koch/Köchin	kucharz/kucharka
Korkenzieher	korkociąg
Löffel	łyżka
Lunch	lunch
Mahlzeit	posiłek
Menü	menu
Messer	nóż
Mittagessen	obiad
Nachmittagskaffee	podwieczorek
Pfefferstreuer	pieprzniczka
Platte	półmisek
Portion	porcja
Rechnung	rachunek
Salatbüfett	bufet sałatkowy
Salzstreuer	solniczka
Schnapsglas	kieliszek do wódki
Serviette	serwetka
Soße	sos
Speisekarte	karta dań
Spezialität	specjalność
Streichhölzer	zapałki
Suppenteller	talerz głęboki
Tablett	taca
Tasse	filiżanka

Teelöffel	łyżeczka
Teetasse	filiżanka do herbaty
Teller	talerz
Tischdecke	obrus
Trinkgeld	napiwek
Vase	waza
Vorspeisen	przystawki
Weinglas	kieliszek do wina
Weinkarte	karta win
Zahnstocher	wykałaczka
Zuckerdose	cukiernica

Geschmacksrichtungen	**Smaki**
bitter	gorzki
fade	mdły
fein	delikatny
geschmacklos	bez smaku
halbtrocken	półwytrawny
herb	cierpki
lieblich	półsłodki
mild	łagodny
pikant	pikantny
salzig	słony
sauer	kwaśny
scharf	ostry
süß	słodki
süß-sauer	słodko-kwaśny
trocken	wytrawny

Zubereitung und Aufbewahrung von Speisen	**Sposoby przyrządzania i przechowywania potraw**
aufgetaut	rozmrożony
ausgenommen	patroszony
blanchiert	blanszowany
durchgebraten	wysmażony
gebraten	(*im Ofen*) pieczony, (*in der Pfanne*) smażony
gedämpft	gotowany na parze
gedünstet	duszony
gefroren	mrożony
gefüllt	faszerowany, nadziewany
gegrillt	grillowany
gehackt	(*durch den Fleischwolf gedreht*) mielony, (*mit dem Messer zerkleinert*) siekany
geklopft	tłuczony
gekocht	gotowany, z wody
gemahlen	mielony
geräuchert	wędzony
geschält	obrany
geschlagen	ubijany
geschmort	duszony
geschnitten	krojony
getrocknet	suszony
gewürzt	przyprawiony
in Aspik	w galarecie
in Mayonnaise	w majonezie
in Öl	w oleju

mager	chudy
mariniert	marynowany
mürbe	kruchy
paniert	panierowany
pasteurisiert	pasteryzowany
Püree	piure
roh	surowy
saftig	soczysty
sauer	kwaśny; (*Gurken*) kiszony, kwaszony
sehnig	łykowaty
überbacken	zapiekany
vom Grill	z grilla
vom Spieß	z rożna
weich	miękki
zäh	żylasty

Przekąski	Vorspeisen
chleb ze smalcem	Schmalzbrot
grzanki	Toaste/Toasts
jajka w majonezie	hart gekochte Eier in Mayonnaise
kanapka z szynką	Schinkenbrot
karp po żydowsku	Karpfen auf jüdische Art
kawior	Kaviar
łosoś wędzony	Räucherlachs
nóżki w galarecie	Sülze
papryka faszerowana	gefüllte Paprika
półmisek serów	Käseplatte
półmisek wędlin	Platte mit Aufschnitt
ryba po grecku	Fisch auf griechische Art
sałatka	Salat
sałatka grecka	griechischer Salat
sałatka jarzynowa	Gemüsesalat
sałatka owocowa	Obstsalat
sałatka śledziowa	Heringssalat
sałatka ziemniaczana	Kartoffelsalat
śledź marynowany	Bismarckhering
śledź w oleju	Hering in Öl
śledź w śmietanie	Sahnehering
tatar	Tatar
tosty	Toaste/Toasts
węgorz wędzony	Räucheraal
Zupy	**Suppen**
barszcz biały	saure Mehlsuppe

barszcz czerwony (z uszkami)	Rote-Bete-Suppe (mit kleinen gefüllten Teigtaschen)
barszcz ukraiński	Rote-Bete-Suppe auf ukrainische Art
chłodnik	kalte Rote-Bete-Suppe
czernina	Suppe aus Entenblut
flaki	Kutteln
grochówka	Erbsensuppe
kapuśniak	Sauerkrautsuppe, Kohlsuppe
kartoflanka	Kartoffelsuppe
krupnik	Graupensuppe
rosół (z makaronem)	Fleischbrühe (mit Nudeln)
zupa cebulowa	Zwiebelsuppe
zupa fasolowa	Bohnensuppe
zupa grzybowa	Pilzsuppe
zupa jarzynowa	Gemüsesuppe
zupa ogonowa	Ochsenschwanzsuppe
zupa ogórkowa	Gurkensuppe
zupa pomidorowa	Tomatensuppe
zupa szczawiowa	Sauerampfersuppe
żurek	saure Mehlsuppe
Dania mięsne	**Fleischgerichte**
befsztyk	Beefsteak
bigos	Bigos (*gekochtes Sauerkraut mit Fleischstücken*)
boeuf Strogonow	Boeuf Stroganoff
cynaderki	Nieren

golonka	Eisbein
gołąbki	Kohlrouladen
gulasz	Gulasch
hamburger	Hamburger
kaczka z jabłkami	Ente mit Äpfeln
karkówka z rusztu	Nackensteak vom Rost
kaszanka	rote Grützwurst
kiełbasa biała	Weißwurst
klopsiki	Fleischklößchen
kotlet mielony	Frikadelle
kotlet schabowy	Schweine(rücken)kotelett
królik w śmietanie	Kaninchen in saurer Sahne
kurczak pieczony	Brathähnchen
medalion cielęcy	Kalbsmedaillon
ozór	Zunge
perliczka	Perlhuhn
pieczeń barania	Hammelbraten
pieczeń rzymska	Hackbraten
pieczeń wieprzowa	Schweinebraten
pieczeń wołowa	Rinderbraten
pierogi z mięsem	Maultaschen mit Fleischfüllung
polędwiczki wołowe w sosie grzybowym	Rinderfilets in Pilzsoße
prosię pieczone	gebratenes Spanferkel
pulpety w sosie koperkowym	gekochte Klopse in Dillsoße
pyzy z mięsem i skwarkami	mit Fleisch gefüllte Kartoffelklößchen mit Grieben

rumsztyk	Rumpsteak
schab nadziewany	gefüllter Schweinerücken
szaszłyk	Schaschlik
sznycel	Schnitzel
sztuka mięsa w sosie chrzanowym	Suppenfleisch in Meerrettichsoße
wątróbka drobiowa	Geflügelleber
wątróbka z cebulą	Leber mit Zwiebeln
zrazy zawijane	Rouladen
żeberka	Rippchen
Dziczyzna	**Wild**
bażant pieczony	gebratener Fasan
comber sarni w śmietanie	Rehrücken in Sahne
kotlety z dzika	Wildschweinkotelett
kuropatwy duszone w śmietanie	geschmorte Rebhühner in Sahne
pasztet z zająca	Hasenpastete
pieczeń z dzika	Wildschweinbraten
pieczeń z jelenia	Hirschbraten
udziec z jelenia pieczony	gebratene Hirschkeule
zając duszony	geschmorter Hase
Dania rybne	**Fischgerichte**
flądra z grilla	Flunder vom Grill
kotlety rybne	Fischfrikadellen
łosoś pieczony	gebratener Lachs
pstrąg pieczony z cytryną i ziołami	gebratene Forelle mit Zitrone und Kräutern
sandacz gotowany	gekochter Zander

sieja smażona	gebratenes Bodensee-felchen
Dania z jaj	**Eierspeisen**
jajecznica	Rührei
jajka na miękko	weich gekochte Eier
jajka na twardo	hart gekochte Eier
jajka sadzone	Spiegeleier
omlet (z konfiturą)	Omelett (mit Konfitüre)
Inne dania	**Andere Gerichte**
cukinia zapiekana	überbackene Zucchini
fasolka po bretońsku	Bohnen auf bretonische Art
kasza gryczana ze skwarkami	Buchweizengrütze mit Grieben
knedle ze śliwkami	Pflaumenknödel
krokiety	Kroketten
makaron z sosem	Nudeln mit Soße
naleśniki z owocami	Pfannkuchen mit Obst
naleśniki z serem	Pfannkuchen mit Quark-füllung
naleśniki z warzywami	Pfannkuchen mit Gemüse-füllung
pierogi	Teigtaschen, Maultaschen
pierogi ruskie	russische Teigtaschen
pierogi z jagodami	Teigtaschen mit Heidel-beerfüllung
pierogi z kapustą i grzybami	Teigtaschen mit Sauerkraut--Pilz-Füllung
pierogi z owocami	Teigtaschen mit Obstfüllung

pierogi z serem	Teigtaschen mit Quarkfüllung
pierogi ze szpinakiem	Teigtaschen mit Spinatfüllung
placki z jabłkami	Apfelpfannkuchen
placki ziemniaczane	Kartoffelpuffer
racuchy	Pfannkuchen aus Hefeteig
risotto	Risotto
ryż z jabłkami i cynamonem	Apfel-Zimt-Reis
ryż z warzywami	Reis mit Gemüse
zapiekanka serowa	Käseauflauf
zapiekanka warzywna	Gemüseauflauf
zapiekanka ziemniaczana	Kartoffelauflauf
Dodatki	**Beilagen**
bakłażan smażony	gebratene Aubergine
brokuły z wody	gekochter Brokkoli
brukselka z masłem	Rosenkohl mit Butter
bukiet surówek	Salatplatte
buraczki z jabłkiem	geriebene rote Bete mit Äpfeln
ćwikła	rote Bete mit Meerrettich
fasolka szparagowa	Brechbohnen
frytki	Pommes frites, Fritten
grzybki w occie	marinierte Pilze
kalafior z wody	gekochter Blumenkohl
kapusta zasmażana	gedünstetes Sauerkraut mit Mehlschwitze
kluski	Klößchen
kluski śląskie, kopytka	Kartoffelklößchen

kuskus	Couscous
marchewka z groszkiem	Erbsen und Möhren
paszteciki z kapustą i grzybami	Pastetchen mit Sauerkraut und Pilzen
pieczarki z patelni	gebratene Champignons
pieczone ziemniaki	Bratkartoffeln
piure (ziemniaczane)	Kartoffelpüree
sałata ze śmietaną	Kopfsalat mit Sahnedressing
surówka z kapusty	Sauerkraut-Rohkost
szpinak z jajkiem	Spinat mit Ei
ziemniaki gotowane	Salzkartoffeln
Desery	**Nachspeisen**
babka	Napfkuchen
babka piaskowa	Sandkuchen
biszkopt z owocami	Obstbiskuit
bita śmietana z owocami	Schlagsahne mit Früchten
budyń waniliowy	Vanillepudding
ciasteczka owsiane	Hafergebäck
ciastka	Kleingebäck
ciasto drożdżowe z kruszonką	Streuselkuchen
ciasto z owocami	Obstkuchen
galaretka	Götterspeise
gofry (z bitą śmietaną i owocami)	Waffeln (mit Schlagsahne und Früchten)
jabłecznik	Apfelkuchen
karpatka	Kuchen aus Brandteig mit Puddingfüllung
keks	Früchtekuchen

krem	Creme
kruche ciasteczka	Mürbegebäck
lody	Eis
makowiec	Mohnkuchen
mazurek	Osterkuchen
pączek	Berliner
piernik	Honigkuchen
placek ze śliwkami	Pflaumenkuchen
ptyś	Windbeutel
rolada	Biskuitrolle
sernik	Käsekuchen
sernik na zimno	Käsesahnetorte
szarlotka	Apfelkuchen
tarta z owocami	Obsttarte
tort	Torte
tort czekoladowy	Schokoladentorte
tort orzechowy	Nusstorte
tort owocowy	Obsttorte
Napoje	**Getränke**
gorąca czekolada	heiße Schokolade
herbata (czarna)	(schwarzer) Tee
herbata czerwona	roter Tee
herbata miętowa	Pfefferminztee
herbata owocowa	Früchtetee
herbata z cytryną	Tee mit Zitrone
herbata z miodem	Tee mit Honig
herbata z mlekiem	Tee mit Milch
herbata z rumem	Tee mit Rum
herbata zielona	grüner Tee

herbata ziołowa	Kräutertee
kawa	Kaffee
kawa bezkofeinowa	koffeinfreier Kaffee
kawa cappuccino	Cappuccino
kawa mrożona	Eiskaffee
kawa po turecku	türkischer Kaffee
kawa rozpuszczalna	Instantkaffee, löslicher Kaffee
kawa z ekspresu	Filterkaffee
kawa z likierem	Kaffee mit Likör
kawa z mlekiem	Kaffee mit Milch
koktajl owocowy	Fruchtcocktail
sok	Saft
sok ananasowy	Ananassaft
sok aroniowy	Aroniasaft
sok grejpfrutowy	Grapefruitsaft
sok jabłkowy	Apfelsaft
sok pomarańczowy	Orangensaft
sok pomidorowy	Tomatensaft
sok z czarnej porzeczki	Schwarze-Johannisbeere--Saft
tonik	Tonic
woda	Wasser
woda gazowana	Wasser mit Kohlensäure, Sprudel(wasser)
woda mineralna	Mineralwasser
woda niegazowana	Wasser ohne Kohlensäure, stilles Wasser
woda sodowa	Sodawasser
woda z cytryną	Zitronenwasser

Napoje alkoholowe	**Alkoholische Getränke**
brandy	Brandy
dżin z tonikiem	Gin Tonic
koniak	Cognac
krupnik	Honiglikör
likier	Likör
piwo bezalkoholowe	alkoholfreies Bier
piwo ciemne	dunkles Bier
piwo jasne	helles Bier
piwo z beczki	Fassbier
poncz	Punsch
rum	Rum
szampan	Champagner
śliwowica	Slibowitz
wermut	Wermut
whisky	Whisky
wino białe	Weißwein
wino czerwone	Rotwein
wino deserowe	Dessertwein
wino grzane	Glühwein
wino musujące	Schaumwein
wino półsłodkie	lieblicher Wein
wino półwytrawne	halbtrockener Wein
wino różowe	Rosé(wein)
wino słodkie	süßer Wein
wino stołowe	Tischwein
wino wytrawne	trockener Wein
wódka	Wodka
żubrówka	Grasovka

Sosy	**Soßen**
sos beszamelowy	Béchamelsoße
sos biały	helle Soße
sos cebulowy	Zwiebelsoße
sos chrzanowy	Meerrettichsoße
sos czosnkowy	Knoblauchsoße
sos grzybowy	Pilzsoße
sos holenderski	Sauce hollandaise
sos koperkowy	Dillsoße
sos musztardowy	Senfsoße
sos pomidorowy	Tomatensoße
sos sojowy	Sojasoße
winegret	Vinaigrette

ALKOHOLE	Alkohol
ANTYKI	Antiquitäten
ANTYKWARIAT	Antiquariat
APTEKA	Apotheke
BUTIK	Boutique
CENTRUM HANDLOWE	Einkaufszentrum
CUKIERNIA	Konditorei
DOM HANDLOWY	Kaufhaus
DROGERIA	Drogerie
GALERIA HANDLOWA	Einkaufszentrum
HIPERMARKET	Supermarkt
HURTOWNIA	Großhandlung
JUBILER	Juwelier
KIOSK	Kiosk
KRYSZTAŁY	Kristall
KSIĘGARNIA	Buchhandlung
KWIACIARNIA	Blumenladen
MEBLE	Möbel
MIĘSO I WĘDLINY	Fleisch und Fleischwaren
MONOPOLOWY	Alkohol
NABIAŁ	Milchprodukte
OPTYK	Optiker
PASMANTERIA	Kurzwaren
PCHLI TARG	Flohmarkt
PERFUMERIA	Parfümerie
PIEKARNIA	Bäckerei
SALON MEBLOWY	Möbelgeschäft
SKLEP ELEKTRYCZNY	Elektrogeschäft
SKLEP MIĘSNY	Metzgerei, Fleischerei
SKLEP MUZYCZNY	Musikgeschäft

SKLEP OBUWNICZY	Schuhgeschäft
SKLEP RYBNY	Fischgeschäft
SKLEP SPORTOWY	Sportgeschäft
SKLEP SPOŻYWCZY	Lebensmittelgeschäft
SKLEP Z HERBATĄ	Teeladen
SKLEP Z KAWĄ	Kaffeeladen
SKLEP Z PAMIĄTKAMI	Souvenirladen
SKLEP Z PORCELANĄ	Porzellanladen
SKLEP Z ZABAWKAMI	Spielwarengeschäft
SKLEP ZE SPRZĘTEM AGD	Haushaltsgeräte
SKLEP ZE SZKŁEM	Glaswaren
SKLEP ZE ZDROWĄ ŻYWNOŚCIĄ	Reformhaus
SKLEP ZOOLOGICZNY	Zoohandlung, Tierhandlung
SPRZĘT ELEKTRONICZNY	Elektronikgeräte
SUPERMARKET	Supermarkt
TARG	(Wochen)markt
WARZYWA, OWOCE	Gemüse, Obst
WARZYWNIAK	Gemüseladen

Wir gehen einkaufen.	Idziemy na zakupy.
Wo kann ich … kaufen?	Gdzie mogę kupić …?
Entschuldigung, wo ist das nächste Lebensmittelgeschäft?	Przepraszam, gdzie jest najbliższy sklep spożywczy?
Ich suche einen Supermarkt.	Szukam supermarketu.
Ist hier in der Nähe ein Wochenmarkt?	Czy w pobliżu jest targ?

Ist hier in der Nähe ein Geschäft, das durchgehend geöffnet hat?	Czy w pobliżu jest sklep całodobowy?
OTWARTE 24 GODZINY NA DOBĘ	Rund um die Uhr geöffnet
◊ Kann ich Ihnen helfen?	Czym mogę służyć?/W czym mogę pomóc?
◊ Werden Sie schon bedient?	Czy jest pan już obsługiwany?/ Czy jest pani już obsługiwana?
Danke, ich sehe mich nur um.	Dziękuję, tylko oglądam.
Zeigen Sie mir bitte …	Proszę mi pokazać …
Wo …?	Gdzie jest …?
sind die Backwaren	dział z pieczywem
ist die Fleischabteilung	dział mięsny
ist die Gemüseabteilung	dział warzywny
Wo kann ich Alkohol kaufen?	Gdzie mogę kupić alkohol?
Ich hätte gern …	Poproszę …
ein Bund Petersilie	pęczek pietruszki
eine Rispe Trauben	kiść winogron
drei Scheiben Käse	trzy plastry sera
dreihundert Gramm Schinken	trzydzieści deka szynki
drei Kilo Kartoffeln	trzy kilo ziemniaków
◊ Darf es etwas mehr sein?	Może być trochę więcej?
Ist das Fleisch frisch?	Czy to mięso jest świeże?
Ist das Brot von heute?	Czy ten chleb jest dzisiejszy?
Könnten Sie mir das halbieren?	Proszę to przekroić na pół.
Wie viel kostet das?	Ile to kosztuje?

Das ist zu teuer.	To jest za drogie.
Ich nehme das.	Biorę to.
Wie viel macht das?	Ile płacę?
Kann ich mit Karte zahlen?	Czy mogę zapłacić kartą?
Ich hätte gern eine Papiertüte.	Poproszę torbę papierową.
◊ Möchten Sie sonst noch etwas?	Czy coś jeszcze?
Danke.	Dziękuję.
Ich suche die Reklamation.	Szukam działu reklamacji.

CAŁKOWITA WYPRZEDAŻ	Totalausverkauf
CIĄGNĄĆ	Ziehen
OBNIŻKA CEN	Preisnachlass
PCHAĆ	Drücken
OKAZJA/PROMOCJA	Sonderangebot
WEJŚCIE	Eingang
WEJŚCIE OD ULICY …	Eingang …straße
WYJŚCIE	Ausgang
WYPRZEDAŻ	Ausverkauf

Im Lebensmittelgeschäft — W sklepie spożywczym

Grundnahrungsmittel — Podstawowe artykuły spożywcze

brauner Zucker	cukier brązowy
Buchweizengrütze	kasza gryczana
Butter	masło
Cornflakes	płatki kukurydziane
Gerstengrütze	kasza jęczmienna

Grieß	kasza manna
Haferflocken	płatki owsiane
Honig	miód
Kartoffelmehl	mąka ziemniaczana
Konfitüre	konfitury
Maismehl	mąka kukurydziana
Margarine	margaryna, masło roślinne
Marmelade	dżem
Mehl	mąka
Müsli	musli
Nudeln	makaron
Olivenöl	oliwa z oliwek
Öl	olej
Reis	ryż
Rohrzucker	cukier trzcinowy
Saft	sok
Sojanudeln	makaron sojowy
Vollkornmehl	mąka razowa
Weizenmehl	mąka pszenna
Zucker	cukier

Backwaren	**Pieczywo**
Baguette	bagietka
Brot	chleb
Brötchen	bułka
Ciabatta	ciabatta
Hefestückchen	drożdżówka
Hefezopf	chałka
Hörnchen	rogalik
Kaiserbrötchen	kajzerka

Knäckebrot	pieczywo chrupkie
Körnerbrot	chleb z ziarnami
Mehrkornbrot	chleb wieloziarnisty
Mischbrot	chleb pszenno-żytni
Pumpernickel	pumpernikiel
Roggenbrot	chleb żytni
Sauerteigbrot	chleb na zakwasie
Schnittbrot	chleb krojony
Schrotbrot	chleb razowy
Schwarzbrot	chleb ciemny
süßes Brötchen	słodka bułka
Toastbrot	chleb tostowy
Vollkornbrot	chleb pełnoziarnisty
Weißbrot	chleb biały
Weizenbrot	chleb pszenny
Zwieback	sucharek

Milchprodukte und Eier	**Nabiał i jaja**
Butter	masło
Buttermilch	maślanka
Dickmilch	mleko zsiadłe
Edelpilzkäse	ser pleśniowy
Eier	jaja
entrahmte Milch	mleko odtłuszczone
fettarme Milch	mleko chude
Frischkäse	ser biały
Früchtejoghurt	jogurt owocowy
geräucherter Käse	ser wędzony
Hüttenkäse	serek wiejski
Joghurt (mit lebenden Bakterienkulturen)	jogurt (z żywymi kulturami bakterii)

Kaffeesahne	śmietanka do kawy
Käse	ser
Kefir	kefir
Kuhmilch	mleko krowie
Magermilch	mleko chude
Milch	mleko
Milchpulver	mleko w proszku
Naturjoghurt	jogurt naturalny
Quark	twarożek, twaróg, biały ser
Sahne	śmietana
Schaf(s)milch	mleko owcze
Schaf(s)käse	ser owczy
Schimmelkäse	ser pleśniowy
Schmelzkäse	ser topiony
Schnittkäse	ser żółty
Sojamilch	mleko sojowe
Trockenmilch	mleko w proszku
Vollmilch	mleko tłuste
Ziegenkäse	ser kozi
Ziegenmilch	mleko kozie

Fleisch und Aufschnitt — **Mięso i wędliny**

Bauchspeck, durchwachsener Speck	boczek
Eisbein	golonka
(fetter) Speck	słonina
Filet	polędwica
Fleischkonserve	konserwa mięsna
Hackfleisch, Gehacktes	mięso mielone
Hammelfleisch	baranina
Innereien	podroby

Kabanossi	kabanosy
Kalbfleisch	cielęcina
Kutteln	flaki
Lachsschinken	polędwica
Lammfleisch	jagnięcina
Leber	wątróbka
luftgetrocknete Wurst	kiełbasa suszona
Pastete	pasztet
Rindfleisch	wołowina
Rindfleisch mit Knochen	wołowina z kością
Rindfleisch ohne Knochen	wołowina bez kości
Rippchen	żeberka
Roastbeef	rostbef
Rückenstück	schab
Schinken	szynka
Schulterstück	łopatka
Schweinefleisch	wieprzowina
Schweinekamm	karkówka
Weißwurst	kiełbasa biała
Wurst	kiełbasa
Würstchen	parówki

Geflügel	**Drób**
Ente	kaczka
Gans	gęś
Hähnchen	kurczak
Hähnchenfilet	pierś z kurczaka
Hähnchenflügel	skrzydełko z kurczaka
Hähnchenschenkel	udko z kurczaka
Huhn	kura
Truthahn	indyk

Fische und Meeresfrüchte	Ryby i owoce morza
Aal	węgorz
Austern	ostrygi
Barsch	okoń
Brachse	leszcz
Fischfilets	filety rybne
Fischkonserve	konserwa rybna
Fischstäbchen	paluszki rybne
Flunder	flądra
Forelle	pstrąg
frischer Fisch	ryba świeża
Garnelen	krewetki
gefrorener Fisch	ryba mrożona
geräucherter Fisch	ryba wędzona
Hecht	szczupak
Hechtdorsch	morszczuk
Heilbutt	halibut
Hering	śledź
Hummer	homar
Kabeljau	dorsz
Kalmare	kalmary
Karpfen	karp
Krabben	kraby
Lachs	łosoś
Languste	langusta
Makrele	makrela
Muscheln	małże
Sardinen	sardynki
Schnecken	ślimaki
Seezunge	sola

Thunfisch	tuńczyk
Tintenfisch	ośmiornica
Zander	sandacz
Gemüse	**Warzywa**
Artischocken	karczochy
Aubergine	bakłażan
Blumenkohl	kalafior
Bohnen	fasola
Brechbohnen	fasolka szparagowa
Brokkoli	brokuły
Champignons	pieczarki
Chicorée	cykoria
Chili	papryczka chili
Chinakohl	kapusta pekińska
Cocktailtomaten	pomidory koktajlowe
Dill	koper
Eissalat	sałata lodowa
Erbsen	groch
Essiggurken	ogórki konserwowe
Feldsalat	roszponka
Fenchel	koper włoski
frische Pilze	grzyby świeże
gelbe Paprika	papryka żółta
getrocknete Pilze	grzyby suszone
getrocknete Tomaten	pomidory suszone
grüne Bohnen	fasolka szparagowa zielona
grüne Erbsen	groszek zielony
grüne Oliven	oliwki zielone
grüne Paprika	papryka zielona
Grünkohl	jarmuż

Gurken	ogórki
Kartoffeln	kartofle
Knoblauch	czosnek
Kohl, Kraut	kapusta
Kohlrabi	kalarepa
Kürbis	dynia
Lauch	por
Mais	kukurydza
Meerrettich	chrzan
Möhre	marchew
Oliven	oliwki
Paprika	papryka
Petersilie	natka pietruszki
Pilze	grzyby
Porree	por
Radieschen	rzodkiewka
römischer Salat	sałata rzymska
Rosenkohl	brukselka
rote Beete	burak
rote Paprika	papryka czerwona
Rotkohl	kapusta czerwona
Rucola	rucola
Salat	sałata
Salatgurke	zielony ogórek
Salzgurken	ogórki małosolne
Saubohne	bób
Sauerkraut	kapusta kiszona
saure Gurken	ogórki kiszone
Schalotte	szalotka
Schnittlauch	szczypiorek

schwarze Oliven	oliwki czarne
Sellerie	seler
Spargel	szparagi
Speiserübe	rzepa
Spinat	szpinak
Staudensellerie	seler naciowy
Tomaten	pomidory
Wachsbohnen	fasolka szparagowa żółta
Weißkohl	kapusta biała
Wirsing(kohl)	kapusta włoska
Wurzelpetersilie	pietruszka
Zucchini	cukinia
Zwiebel	cebula

Obst	**Owoce**
Ananas	ananas
Apfel	jabłko
Aprikose	morela
Avocado	awokado
Banane	banan
Birne	gruszka
Cashewnüsse	orzechy nerkowca
Datteln	daktyle
Erdbeeren	truskawki
Erdnüsse	orzeszki ziemne, fistaszki
Feige	figa
Grapefruit	grejpfrut
Haselnüsse	orzechy laskowe
Heidelbeeren	jagody
Himbeeren	maliny
Johannisbeeren	porzeczki

Kiwi	kiwi
Mandarine	mandarynka
Mandeln	migdały
Mango	mango
Melone	melon
Mirabellen	mirabelki
Nüsse	orzechy
Orange	pomarańcza
Paranüsse	orzechy brazylijskie
Pfirsich	brzoskwinia
Pflaume	śliwka
Preiselbeeren	borówki
rote Johannisbeeren	porzeczki czerwone
Sauerkirschen	wiśnie
schwarze Johannisbeeren	porzeczki czarne
Stachelbeeren	agrest
Süßkirschen	czereśnie
Trauben	winogrona
Walderdbeeren	poziomki
Walnüsse	orzechy włoskie
Wassermelone	arbuz
Zitrone	cytryna

Gewürze	**Przyprawy**
Basilikum	bazylia
Dill	koperek
Estragon	estragon
(Gewürz)nelken	goździki
Ingwer	imbir
Kümmel	kminek
Lavendel	lawenda

Lorbeer	liść laurowy
Majoran	majeranek
milder Paprika	papryka słodka
Minze	mięta
Muskatnuss	gałka muszkatołowa
Nelkenpfeffer	ziele angielskie
Oregano	oregano
Pfeffer	pieprz
Piment	ziele angielskie
Rosmarin	rozmaryn
Safran	szafran
Salbei	szałwia
Salz	sól
scharfer Paprika	papryka ostra
Thymian	tymianek
Vanille	wanilia
Zimt	cynamon

Getränke	**Napoje**
Bohnenkaffee	kawa ziarnista
Cola	coca-cola
gemahlener Kaffee	kawa mielona
Grapefruitsaft	sok grejpfrutowy
grüner Tee	zielona herbata
Kakao	kakao
koffeinfreier Kaffee	kawa bezkofeinowa
loser Tee	herbata liściasta
Limonade	oranżada
löslicher Kaffee	kawa rozpuszczalna
Orangensaft	sok pomarańczowy
Saft	sok

Sprudel(wasser)	woda mineralna gazowana
stilles Mineralwasser	woda mineralna niegazowana
Teebeutel	herbata ekspresowa
Tomatensaft	sok pomidorowy
Tonic	tonik

Alkohol	**Napoje alkoholowe**
Bier	piwo
Champagner	szampan
Cognac	koniak
Likör	likier
Rum	rum
Wein	wino
Wodka	wódka

Süßigkeiten	**Słodycze**
belgische Waffeln	gofry
Berliner	pączek
Biskuits	biszkopty
Bitterschokolade	czekolada gorzka
Bonbons	cukierki
Butterkekse	herbatniki
Cracker	krakersy
Creme	krem
Dragees	drażetki
Fruchtbonbons	cukierki owocowe
gefüllte Bonbons	cukierki nadziewane
gefüllte Schokolade	czekolada nadziewana
harte Fruchtbonbons	landrynki
Karamellen	krówki
Kleingebäck	ciastka

Kuchen	ciasto
Lutschbonbons	cukierki do ssania
Lutscher	lizak
Mandeln in Schokolade	migdały w czekoladzie
Nüsse in Schokolade	orzeszki w czekoladzie
Nussschokolade	czekolada z orzechami
Pralinenschachtel	bombonierka
Printen	pierniczki
Riegel	batonik
Rosinen in Schokolade	rodzynki w czekoladzie
Schokolade (mit Mandeln)	czekolada (z migdałami)
Schokoladenbonbons	cukierki czekoladowe
Vollmilchschokolade	czekolada mleczna
Waffeln	wafelki
weiße Schokolade	czekolada biała

Sonstiges — **Inne**

Brezeln	precelki
Brotaufstrich	pasta do chleba
Chips	chipsy
gesalzene Nüsse	orzeszki solone
Kaugummi	guma do żucia
Salzstangen	paluszki
Süßstoff	słodzik
Tiefkühlkost	mrożonka
Tomatenmark	przecier pomidorowy

• Bez konserwantów	Ohne Konservierungsstoffe
• Chronić przed światłem	Vor Licht schützen
• Produkt naturalny	Naturprodukt
• Przechowywać w chłodzie	Kühl lagern

• Przechowywać w suchym miejscu	Trocken lagern
• Spożyć przed …	Mindestens haltbar bis…
• Termin przydatności do spożycia	Mindesthaltbarkeitsdatum
• Tu otwierać	Hier öffnen
• Uwaga! Może zawierać śladowe ilości orzechów	Vorsicht! Kann Spuren von Nüssen enthalten

Kleidung	**Ubrania**
Könnten Sie mir … zeigen?	Proszę pokazać mi …
Ich suche eine passende Bluse zu dieser Hose.	Chciałabym dobrać bluzkę do spodni.
Gehört das zusammen?	Czy to jest komplet?
Wo finde ich einen Spiegel?	Gdzie jest lustro?
Kann ich das anprobieren?	Czy mogę przymierzyć?
Wo finde ich eine Umkleidekabine?	Gdzie jest przymierzalnia?
Dieser Rock ist zu groß.	Ta spódnica jest za duża.
Sitzt perfekt.	Pasuje idealnie.
Das ist mir …	To jest na mnie …
zu eng	za wąskie
zu groß	za duże
zu klein	za małe
zu weit	za luźne
Könnte ich die Jacke aus dem Schaufenster sehen?	Czy mogę zobaczyć tę kurtkę z wystawy?
Diese Jacke ist zu klein.	Ta kurtka jest za mała.

Ich hätte gern eine Größe kleiner/größer.	Poproszę rozmiar mniejszą/ większą.
◊ Das steht Ihnen gut.	Dobrze pani/panu w tym.
Wie viel kostet das?	Ile to kosztuje?
Hier ist ein Fehler.	Tu jest skaza.
Der Reißverschluss ist kaputt.	Suwak jest zepsuty.
Hier fehlt ein Knopf.	Tutaj brakuje guzika.
Wie viel wird das mit Nachlass kosten?	Ile to będzie kosztowało ze zniżką?
Haben Sie etwas Preiswerteres?	Czy jest coś tańszego?
Wie viel macht das?	Ile płacę?
Kann ich mit Karte zahlen?	Czy mogę zapłacić kartą?
Kann man bei Ihnen Ware zurückgeben?	Czy przyjmują państwo zwroty?

* * *

Abendkleid	suknia wieczorowa
Anzug	garnitur
Bermudashorts	bermudy
Bluse	bluzka
Damenjacke	żakiet
Hemd	koszula
Hemd mit kurzem/langem Arm	koszula z krótkimi/długimi rękawami
Herrenanzug	garnitur męski
Hose	spodnie
Hüfthose	biodrówki
Jacke	kurtka
Jackett	marynarka (od garnituru)
Jeans	dżinsy
Kleid	sukienka

Kostüm	kostium damski
kurzer Rock	spódnica krótka
langer Rock	spódnica długa
Latzhose	ogrodniczki
Lederjacke	kurtka skórzana
Ledermantel	płaszcz skórzany
Mantel	płaszcz
Minirock	minispódniczka
Overall	kombinezon
Pelz	futro
Pelzjacke	kożuch
Polohemd, Poloshirt	koszulka polo
Pullover, Pulli	pulower, sweter przez głowę
Pullunder	pulower bez rękawów
Regenmantel	płaszcz przeciwdeszczowy
Rock	spódnica
Rollkragenpullover	golf
Sakko	marynarka męska
Shorts	szorty
Smoking	smoking
Strickjacke	sweter rozpinany
Sweatshirt (mit Kapuze)	bluza (z kapturem)
Top	koszulka bez rękawów, top
Trainingsanzug	dres
T-Shirt	koszulka, T-shirt
Umstandskleid	sukienka ciążowa
Weste	kamizelka
Winterjacke	kurtka zimowa

Unterwäsche	Bielizna
Badeanzug	kostium kąpielowy
Badehose	kąpielówki
Bademantel	płaszcz kąpielowy
BH	biustonosz
Body	body
Boxershorts	bokserki
Büstenhalter	biustonosz
einteiliger Badeanzug	kostium kąpielowy jednoczęściowy
G-String	stringi
Herrenslip	slipy
Kniestrümpfe	podkolanówki
Morgenrock	szlafrok
Nachthemd	koszula nocna
Pyjama, Schlafanzug	piżama
Slip	figi
Socken	skarpetki
Strümpfe	pończochy
Strumpfhose	rajstopy
Unterhemd	podkoszulek
Unterhose	majtki
Unterkleid, Unterrock	halka
zweiteiliger Badeanzug	kostium kąpielowy dwuczęściowy

Stoffe	Tkaniny
Ich hätte gern drei Meter von diesem Stoff.	Proszę trzy metry tego materiału.

Atlas	atłas
Baumwolle	bawełna
Chiffon	szyfon
Cord	sztruks
Filz	filc
Flanell	flanela
Frottee	frotté
Futter	podszewka
Jeansstoff	dżins
Leder	skóra
Lederimitat	skaj, sztuczna skóra
Leinen	len, płótno
Lycra	lycra
Mohair	moher
Musselin	muślin
Nylon	nylon
Samt	aksamit
Seide	jedwab
Spitze	koronka
Velours	welur
Viskose	wiskoza
Wildleder	zamsz
Wolle	wełna

Muster — **Wzory**

Dieses Muster ist mir zu groß. — Te wzory są dla mnie za duże.

* * *

einfarbig	gładki, bez wzorów
geblümt	w kwiatki
gemustert	we wzorki

gestreift	w paski, w prążki
getupft	w groszki
kariert	w kratkę
mit Fischgrätenmuster	w jodełkę
mit Pepitamuster	w pepitkę
uni	gładki, bez wzorów

Accessoires	**Dodatki**
Aktentasche	teczka
Baskenmütze	beret
Brieftasche	portfel
Gürtel	pasek
Halstuch	apaszka
Handschuhe	rękawiczki
Handtasche	torebka
Hosenträger	szelki
Hut (mit breiter Krempe)	kapelusz (z szerokim rondem)
Koffer	walizka
Kopftuch	chustka
Krawatte	krawat
Lederhandschuhe	rękawiczki skórzane
Mütze (mit Pompon)	czapka (z pomponem)
Ohrenwärmer	nauszniki
Portemonnaie	portmonetka
Regenschirm	parasol
Reisetasche	torba podróżna
Rucksack	plecak
Schal	szalik
Schirmmütze	czapka z daszkiem
Schleier	woalka
Seidenschal	szalik jedwabny

Skimütze	czapka narciarska
Sonnenschirm	parasolka przeciwsłoneczna
Stirnband	opaska
Strohhut	kapelusz słomkowy
Tasche	torba
Taschentuch	chustka do nosa
Wollschal	szalik wełniany

Schuhe	**Obuwie**
Ich hätte gern Schuhe Größe …	Proszę buty numer …
Diese Schuhe sind …	Te buty są …
zu eng	za ciasne
zu schmal	za wąskie
Ich hätte gern eine Nummer …	Poproszę o numer …
größer	większe
kleiner	mniejsze

* * *

Cowboystiefel	kowbojki
Damenschuhe	buty damskie
Espadrilles	espadryle
Flip-Flops	japonki
Fußballschuhe	buty do gry w piłkę nożną
Golfschuhe	buty do golfa
Gummistiefel	kalosze
Halbschuhe	półbuty
Halbstiefel	botki
Hausschuhe	kapcie, pantofle domowe

Herrenschuhe	buty męskie
Kinderschuhe	buty dziecięce
Mokassins	mokasyny
Pantoffeln	kapcie, pantofle domowe
Pumps	pantofle
Reitstiefel	buty do jazdy konnej
Sandalen	sandały
Schuhe mit flachem Absatz	buty na płaskim obcasie
Schuhe mit hohem Absatz	buty na wysokim obcasie
Schuhe mit Plateausohle	buty na koturnie
Sommerschuhe	buty letnie
Sportschuhe	buty sportowe
Stiefel	kozaki
Stöckelschuhe	szpilki
Tennisschuhe	tenisówki
Winterschuhe	buty zimowe

ein Paar Schuhe	para butów
Schnürsenkel	sznurowadła
Schuhbürste	szczotka do butów
Schuhcreme	pasta do butów
Schuhlöffel	łyżka do butów
Schuhschwämmchen	gąbka do butów
Schuhspanner	prawidła do butów

Kurzwaren	**Pasmanteria**
Band	tasiemka
Gummiband	gum(k)a

Gürtelschnalle	klamerka do paska
Haarband	wstążka
Häkelnadel	szydełko
Knopf	guzik
Nähgarn	nici
Nähnadel	igła
Reißverschluss	zamek (błyskawiczny)
Schere	nożyczki
Sicherheitsnadel	agrafka
Stecknadeln	szpilki
Strickgarn	włóczka
Stricknadeln	druty

In der Drogerie und Parfümerie — W drogerii i perfumerii

Toilettenartikel	**Przybory toaletowe**
Bimsstein	pumeks
Bürste	szczotka
Damenbinden	podpaski
Duschhaube	czepek pod prysznic
Einwegrasierer	maszynka do golenia jednorazowa
elektrische Zahnbürste	szczoteczka elektryczna
elektrischer Rasierapparat	elektryczna maszynka do golenia
Epiliergerät	depilator
Erfrischungstücher	chusteczki odświeżające
Föhn	suszarka do włosów

Haarband	opaska do włosów
Haarbürste	szczotka do czesania włosów
Haargummi	gumka do włosów
Haarnetz	siatka na włosy
Haarschere	nożyczki do włosów
Haartrockner	suszarka do włosów
Hautzange	cążki do skórek
Hornhautraspel	tarka do pięt
Kamm	grzebień
Kinderzahnbürste	szczoteczka do zębów dla dzieci
Kondome	prezerwatywy
Kulturbeutel	kosmetyczka
Massagehandschuh	rękawica do masażu
Nagelfeile	pilnik do paznokci
Nagelpolierer	polerka do paznokci
Nagelschere	nożyczki do paznokci
Nagelzange	cążki do paznokci
Papierhandtuch	ręcznik papierowy do rąk
Papiertaschentücher	chusteczki higieniczne
Pinzette	pęseta
Rasierapparat	maszynka do golenia
Rasierklingen	żyletki
Rasierpinsel	pędzel do golenia
Rundbürste	szczotka do modelowania włosów
Schwamm	gąbka
Slipeinlagen	wkładki higieniczne
Spiegel	lusterko
Tampons	tampony
Toilettenpapier	papier toaletowy

Waschhandschuh	myjka
Watte	wata
Wattepads	waciki, płatki kosmetyczne
Wattestäbchen	patyczki do uszu
Zahnbürste	szczoteczka do zębów
Zahnseide	nić dentystyczna

Kosmetikartikel	**Artykuły kosmetyczne**
After-Shave-Creme	krem po goleniu
Anti-Falten-Creme	krem przeciwzmarszczkowy
Augenbrauenstift	ołówek do brwi
Augencreme	krem pod oczy
Badeschaum	płyn do kąpieli
Concealer	korektor
Creme für empfindliche Haut	krem do cery wrażliwej
Creme für fettige Haut	krem do cery tłustej
Creme für Mischhaut	krem do cery mieszanej
Creme für trockene Haut	krem do cery suchej
Cremepuder	puder w kremie
Deo(dorant)	dezodorant
Deo(dorant)spray	dezodorant w sprayu
Deo(dorant)stift	dezodorant w sztyfcie
Duschgel	żel pod prysznic
Eau de Toilette	woda toaletowa
Enthaarungswachs	wosk do depilacji
Eyeliner	eyeliner
Fettcreme	krem tłusty
Feuchtigkeitscreme	krem nawilżający
Flüssig-Make-up	fluid, podkład
Flüssigseife	mydło w płynie
Fußcreme	krem do stóp

Fußdeo	dezodorant do stóp
Gesichtscreme	krem do twarzy
Gesichtsmaske	maseczka do twarzy
Gesichtswasser	tonik do twarzy
Haarbalsam	balsam do włosów
Haarfarbe	farba do włosów
Haargel	żel do włosów
Haarkur	odżywka do włosów
Haarlack	lakier do włosów
Haarschaum	pianka do włosów
Haarshampoo	szampon do włosów
Handcreme	krem do rąk
Intimgel	żel do higieny intymnej
Kölnischwasser	woda kolońska
Kompaktpuder	puder w kamieniu
Konturenstift	konturówka
Körperlotion	balsam do ciała
Körperöl	oliwka do ciała
Lidschatten	cienie do oczu
Lipgloss	błyszczyk do ust
Lippenkonturenstift	konturówka do ust
Lippenstift	szminka do ust
Mascara	maskara
mattierende Creme	krem matujący
Nachtcreme	krem na noc
Nagelkur	odżywka do paznokci
Nagellack	lakier do paznokci
Nagellackentferner	zmywacz do paznokci
Nährcreme	krem odżywczy
Parfüm	perfumy
Peelingcreme	krem do peelingu

Puder	puder
Puderdose	puderniczka
Rasiercreme	krem do golenia
Rasierschaum	pianka do golenia
Rasierwasser	płyn po goleniu
Reinigungsmilch	mleczko kosmetyczne
Roll-On-Deo(dorant)	dezodorant w kulce
Rouge	róż do policzków
Seife	mydło
Selbstbräuner	samoopalacz
Sonnencreme	krem do opalania
Sonnenöl	olejek do opalania
Tagescreme	krem na dzień
Vaseline	wazelina
Wimpernkur	odżywka do rzęs
Zahnpasta	pasta do zębów

Reinigungsmittel	**Artykuły chemii gospodarczej**
Abflussreiniger	środek do udrażniania rur
Bleichmittel	wybielacz
Fensterreiniger	płyn do mycia szyb
Fleckenentferner	odplamiacz
flüssiger Bodenreiniger	płyn do mycia podłóg
flüssiger Teppichreiniger	płyn do czyszczenia dywanów
flüssiges Colorwaschmittel	płyn do prania tkanin ciemnych
flüssiges Feinwaschmittel	płyn do prania tkanin delikatnych
flüssiges Handwaschmittel	płyn do prania ręcznego
flüssiges Putzmittel	płyn do czyszczenia

flüssiges Wollwaschmittel	płyn do prania wełny
Geruchsabsorber	pochłaniacz zapachów
Raumspray	odświeżacz powietrza
Scheuermilch	mleczko do czyszczenia
Scheuerpulver	proszek do czyszczenia
Spülmittel	płyn do mycia naczyń
Waschpulver	proszek do prania
Waschpulver für Buntwäsche	proszek do prania tkanin kolorowych
Waschpulver für weiße Wäsche	proszek do prania tkanin białych
WC-Stein	kostka do WC
Weichspüler	płyn do płukania

Besen	szczotka do zamiatania
Bodentuch	ścierka do podłogi
Eimer	wiadro
Gummihandschuhe	rękawice gumowe
Handfeger	zmiotka
Handschaufel	szufelka
Mopp	mop
Putzschwamm	gąbka do czyszczenia
Putztücher	ściereczki do czyszczenia
Schrubber	szczotka do czyszczenia
Spülschwamm, Spültuch	zmywak
WC-Bürste	szczotka do sedesu

Beim Juwelier	U jubilera
Entschuldigung, wo ist der nächste Juwelierladen?	Przepraszam, gdzie jest najbliższy jubiler?
Ich suche etwas Passendes zu …	Chciałbym/Chciałabym dobrać coś do …
diesem Anhänger	tego wisiorka
diesem Armband	tej bransolety
dieser Brosche	tej broszki
diesem Collier	tej kolii
dieser Halskette	tego naszyjnika
dieser Kette	tego łańcuszka
dieser Korallenkette	tych korali
diesem Ring	tego pierścionka
Ich suche eine Uhr …	Szukam zegarka …
mit Goldarmband	ze złotą bransoletą
mit Silberarmband	ze srebrną bransoletą

Schmuck	Biżuteria
Armband	bransoletka
Armbanduhr	zegarek na rękę
Brosche	broszka
Clips	klipsy
Collier	kolia
Ehering	obrączka
Haarklammern	spinki do włosów
Halskette	naszyjnik
Kette	łańcuszek
kleines Kreuz	krzyżyk
Korallenkette	korale
Krawattennadel	szpilka do krawata

Manschettenknöpfe	spinki do mankietów
Medaillon	medalion
Modeschmuck	sztuczna biżuteria
Ohrringe	kolczyki
Ring	pierścionek
Rosenkranz	różaniec
Schlüsselanhänger	breloczek
Siegelring	sygnet
Taschenuhr	zegarek kieszonkowy
Zigarettenetui	papierośnica

Minerale, Schmucksteine und Metalle	**Minerały, kamienie i metale**
Achat	agat
Amethyst	ametyst
Bernstein	bursztyn
Brillant	brylant
Bronze	brąz
Diamant	diament
Elfenbein	kość słoniowa
Gold	złoto
Korall	koral
Kristall	kryształ
Kupfer	miedź
Malachit	malachit
Opal	opal
Perlen	perły
Platin	platyna
Rubin	rubin
Saphir	szafir

Silber	srebro
Smaragd	szmaragd
Topas	topaz
Türkis	turkus

Im Blumengeschäft	**W kwiaciarni**
Ich möchte gern für morgen einen Blumenstrauß/Blumenkorb bestellen.	Chciałbym/Chciałabym zamówić na jutro bukiet/kosz kwiatów.
Es soll ein Strauß für … sein.	To będzie bukiet dla …
eine ältere Dame	starszej pani
einen älteren Herrn	starszego pana
ein Brautpaar	młodej pary
eine Dame mittleren Alters	pani w średnim wieku
einen Herrn mittleren Alters	pana w średnim wieku
eine junge Frau	młodej kobiety
einen jungen Mann	młodego mężczyzny
meine Frau	mojej żony
meinen Mann	mojego męża
◊ Aus wie viel Blumen?	Z ilu kwiatów?
Der Strauß soll nicht mehr als 50 Zloty kosten.	Chciałbym/Chciałabym się zmieścić w pięćdziesięciu złotych.
Ich hätte gern eine Rose, …	Proszę jedną różę …
die noch nicht aufgegangen ist	nierozwiniętą
die schon aufgegangen ist	rozwiniętą
◊ Diese duftet schön.	Ta pięknie pachnie.

Ich hätte gern …	Poproszę …
einen Korb mit Frühlingsblumen	kosz wiosennych kwiatów
einen Strauß dieser Rosen	bukiet z tych róż
Könnten Sie die Blumen in Papier einwickeln?	Proszę zawinąć kwiaty w papier.
Bitte schicken Sie die Blumen an diese Adresse und legen diese Karte dazu.	Proszę wysłać kwiaty pod ten adres i dołączyć ten bilecik.
Wie viel kostet dieser (Blumen)strauß?	Ile kosztuje ta wiązanka?
Ich hätte gern eine Topfblume.	Chciałbym/Chciałabym kupić jakiś kwiat doniczkowy.
Welche dieser Blumen …?	Które z tych kwiatów …?
halten am längsten	najdłużej postoją
sind frostbeständig	są odporne na chłód
Brauchen diese Blumen eine spezielle Pflege?	Czy o te kwiaty trzeba jakoś specjalnie dbać?

* * *

Anthurie, Anthurium	anturium
Chrysantheme	chryzantema
Erika	wrzos
Feldblumen	kwiaty polne
Flieder	bez
Freesie	frezja
Gänseblümchen	stokrotki
Garten-Löwenmaul	lwie paszcze
Gerbera	gerbera
Gladiole	mieczyk
Hyazinthe	hiacynt

Iris	irys
Kaktus	kaktus
Kornblumen	chabry
Krokusse	krokusy
Lilie	lilia
Maiglöckchen	konwalie
Margeriten	margerytki
Narzissen	narcyzy
Nelke	goździk
Orchidee	orchidea, storczyk
Osterglocken	żonkile
Pfingstrose	piwonia
Rose	róża
Schneeglöckchen	przebiśniegi
Schnittblumen	kwiaty cięte
Sonnenblume	słonecznik
Stiefmütterchen	bratki
Topfblumen	kwiaty doniczkowe
Tulpe	tulipan
Veilchen	fiołki
Vergissmeinnicht	niezapominajki
Windröschen	anemon

Im Souvenirladen | **W sklepie z pamiątkami**

Können Sie mir etwas für diese Region Typisches empfehlen? | Co charakterystycznego dla tego regionu może mi pan/pani polecić?

Haben Sie bestickte Tischdecken? | Czy są haftowane obrusy?

Bekomme ich bei Ihnen handgefertigte Stoffservietten?	Czy dostanę tu ręcznie robione serwetki?
Aus welcher Region Polens stammen diese Stickereien?	Z jakiego regionu Polski pochodzą te hafty?
Könnte ich mir Ihre … ansehen?	Czy mogę obejrzeć …?
Artikel aus Bernstein	wyroby z bursztynu
Artikel aus Holz	wyroby z drewna
Artikel aus Silber	wyroby ze srebra
Lederwaren	wyroby ze skóry
Wie viel kostet …?	Ile kosztuje …?
diese Schatulle	ta szkatułka
diese Tagesdecke	ta narzuta
Ich hätte gern …	Poproszę …
einen Becher als Andenken	jakiś pamiątkowy kubek
dieses Bild	ten obraz
diese Puppe im Trachtenkleid	tę lalkę w stroju regionalnym
ein T-Shirt mit Aufdruck	jakiś T-shirt z napisem
Was bedeutet dieser Aufdruck?	Co znaczy ten napis?
Wo finde ich Ansichtskarten mit der Altstadt als Motiv?	Gdzie znajdę widokówki ze Starym Miastem?
Könnten Sie mir das einpacken?	Proszę mi to zapakować.
Wie viel macht das?	Ile płacę?

* * *

Anhänger, Anhängsel	wisiorek
Ansichtskarten	widokówki
Geschenk	prezent
Korbwaren	wyroby z wikliny
Kunstgewerbe	rzemiosło artystyczne
Mitbringsel	upominek

Souvenir	pamiątka
T-Shirts mit Aufdruck	podkoszulki z napisami

Im Porzellan- und Glaswarenladen	**W sklepie ze szkłem i porcelaną**
Ich möchte gern … kaufen.	Chciałbym/Chciałabym kupić …
ein Essgeschirr	serwis obiadowy
ein Kaffeeservice	serwis do kawy
Wie viel kostet diese Vase?	Ile kosztuje ten wazon?
Haben Sie Weingläser aus Kristall?	Czy są kryształowe kieliszki do wina?
Könnten Sie mir … zeigen?	Czy może mi pan/pani pokazać …?
Champagnergläser	kieliszki do szampana
Cognacgläser	kieliszki do koniaku
Schnapsgläser	kieliszki do wódki
Ich hätte gern …	Proszę …
diese Obstschale	tę paterę na owoce
diese Platte	ten półmisek
diese Salatschüssel	tę salaterkę
dieses Tablett	tę tacę

In der Buchhandlung	**W księgarni**
Gibt es hier in der Nähe …?	Czy w pobliżu jest …?
eine Sprachbuchhandlung	jakaś księgarnia językowa
eine gute Buchhandlung	jakaś dobra księgarnia

Bekomme ich bei Ihnen ein … Wörterbuch?	Czy dostanę słownik …?
deutsch-polnisches	niemiecko-polski
polnisch-deutsches	polsko-niemiecki
Haben Sie …?	Czy mają państwo …?
Bildbände über Polen	jakieś albumy o Polsce
Polnisch-Lehrbücher für Ausländer	książki do nauki języka polskiego dla cudzoziemców
polnische Literatur in deutscher Sprache	coś z literatury polskiej w języku niemieckim
einen Reiseführer über Polen auf Deutsch	przewodnik turystyczny po Polsce w języku niemieckim
einen deutsch-polnischen Sprachführer	rozmówki niemiecko-polskie
einen Stadtplan von …	plan …
Wörterbücher auf CD-ROM	słowniki na CD
Ich hätte gern eine Autokarte für Polen.	Poproszę mapę samochodową Polski.
Entschuldigen Sie bitte, wo finde ich …?	Przepraszam, gdzie znajdę …?
ein Buch über Krakaus Sehenswürdigkeiten	książkę o zabytkach Krakowa
Lyrik	poezję
Neuheiten	nowości
die Multimedia-Abteilung	multimedia
Wie viel kostet dieses Buch?	Ile kosztuje ta książka?
Könnten Sie mir das einpacken?	Proszę mi to zapakować.

Kiosk — Kiosk

ARTYKUŁY HIGIENICZNE	Hygieneartikel
BILETY	Fahrkarten
NAPOJE	Getränke
PRASA	Presse
SŁODYCZE	Süßigkeiten

Haben Sie Zeitschriften auf Deutsch? — Czy są czasopisma w języku niemieckim?

Welche sind die bekanntesten Wochenzeitungen in Polen? — Jakie tygodniki są w Polsce najpopularniejsze?

* * *

Batterie	bateria
Boulevardpresse	tabloid
(Bus)fahrkarte	bilet (autobusowy)
Feuerzeug	zapalniczka
Fotofilm	film do aparatu
Illustrierte	magazyn ilustrowany
Kaugummi	guma do żucia
Kondome	prezerwatywy
Kreuzworträtsel	krzyżówki
Kugelschreiber	długopis
Monatszeitschrift	miesięcznik
Papiertaschentücher	chusteczki higieniczne
Pfeife	fajka
Pfeifentabak	tytoń do fajki
Postkarte	pocztówka
Prepaid-Karte von …	doładowanie telefonu w sieci …

Presse	prasa
Riegel	batonik
eine Schachtel Zigaretten	paczka papierosów
Seife	mydło
Stadtplan	plan miasta
eine Stange Zigaretten	karton papierosów
Streichhölzer	zapałki
Tageszeitung	dziennik
Telefonkarte	karta telefoniczna
Wochenzeitung	tygodnik
Zeitschrift	czasopismo
Zeitung	gazeta
Zigaretten	papierosy
Zigarre	cygaro

Papierwaren und Büroartikel	**Artykuły papiernicze i biurowe**
Anspitzer	temperówka
Aquarellfarben	farby akwarelowe
Bleistift	ołówek
Briefpapier	papier listowy
Buntstifte	kredki
Büroklammern	spinacze
Druckbleistift	ołówek automatyczny
Druckpapier	papier do drukarki
Farben	farby
Filzstift	flamaster
Füllfederhalter, Füller	(wieczne) pióro

Geodreieck®	ekierka
Heft	zeszyt
Heftklammern	zszywki
Klarsichthülle	koszulka na dokumenty
Klebeband	taśma klejąca
Kleber	klej
Kopierpapier	papier kserograficzny
Korrekturstift	korektor w sztyfcie
Kugelschreiber	długopis
Kugelschreibermine	wkład do długopisu
Lineal	linijka
Locher	dziurkacz
Luftpolsterumschlag	koperta z wkładem bąbelkowym
Malbuch	kolorowanka, książka do malowania
eine Mappe Briefpapier	papeteria
Marker	marker
Notizblock	bloczek kartek samoprzylepnych
Notizbuch	notes
Ölfarben	farby olejne
Ordner	segregator
Packpapier	papier do pakowania
Papier	papier
Papierservietten	serwetki papierowe
Pinsel	pędzelek
Plakatfarben	farby plakatowe
Radiergummi	gumka
Reißzwecken	pinezki

Schere	nożyczki
Schnellhefter	skoroszyt
Schnur	sznurek
Servietten	serwetki
Tacker	zszywacz
Taschenkalender	kalendarzyk
Tinte	atrament
Tipp-Ex®	korektor w płynie
Umschlag	koperta
Zeichenblock	blok rysunkowy

Elektro- und Elektronikgeräte	**Sprzęt elektryczny i elektroniczny**
Anrufbeantworter	automatyczna sekretarka
Batterie	bateria
Bügeleisen	żelazko
CD	płyta kompaktowa/CD
CD-Brenner	nagrywarka CD
CD-Player	odtwarzacz płyt CD
Computer	komputer
Computerprogramm	program komputerowy
Computerspiel	gra komputerowa
Dampfbügeleisen	żelazko parowe
Digitalkamera	aparat (fotograficzny) cyfrowy
Diktiergerät	dyktafon
Diskette	dyskietka
Drucker	drukarka

DVD	płyta DVD
DVD-Brenner	nagrywarka DVD
DVD-Player	odtwarzacz płyt DVD
elektrischer Fleischwolf	elektryczna maszynka do mięsa
elektrischer Rasierapparat	elektryczna maszynka do golenia
Fernbedienung	pilot
Fernseher	telewizor
Fotoapparat	aparat fotograficzny
(Geschirr)spülmaschine	zmywarka
Glühbirne	żarówka
Haartrockner	suszarka do włosów
Handy	telefon komórkowy
Hi-Fi-Anlage	wieża hi-fi
Kabel	kabel
Kassette	kaseta
Kassettenrekorder	magnetofon
Klimaanlage	klimatyzator
Kopfhörer	słuchawki
Ladegerät	ładowarka
Laserdrucker	drukarka laserowa
Lautsprecherbox	głośnik
LCD-Fernseher	telewizor LCD
Maus	mysz(ka)
Monitor	monitor
MP3-Player	odtwarzacz mp3
multimedialer Fremdsprachenkurs	multimedialny kurs do nauki języka obcego
Notebook	notebook

Plasmafernseher	telewizor plazmowy
Radio	radio
Satellitenantenne	antena satelitarna
Schalplatte	płyta gramofonowa
Spielkonsole	konsola do gier
Steckdose	gniazdko
Stecker	wtyczka
Taschenlampe	latarka
Taschenrechner	kalkulator
Telefon	telefon
Tintenstrahldrucker	drukarka atramentowa
Toaster	toster
Verlängerungskabel	przedłużacz
Verstärker	wzmacniacz
Videokamera	kamera wideo
Videokassette	kaseta wideo
Videorekorder	magnetowid
Wäschetrockner	suszarka do bielizny
Wecker	budzik

Im Spielwarengeschäft	**W sklepie z zabawkami**
Entschuldigung, ich suche einen Plüschelefanten.	Przepraszam, szukam pluszowego słonia.
Bekomme ich bei Ihnen ...?	Czy dostanę u państwa ...?

* * *

(aufblasbarer) Ball	piłka (nadmuchiwana)
Auto mit Fernsteuerung	zdalnie sterowany samochód
Bauklötze	klocki

Brettspiel	gra planszowa
Brummkreisel	bączek
Buntstifte	kredki
Computerspiel	gra komputerowa
Damespiel	warcaby
didaktisches Spielzeug	zabawki edukacyjne
Domino	domino
Drachen	latawiec
Dreirad	rowerek trójkołowy
Eisenbahn	kolejka
Fahrrad	rower
Flugzeug	samolot
Gitarre	gitara
Gummiball	piłka gumowa
Lederball	piłka skórzana
Malbücher	książki do kolorowania
Maskottchen	maskotka
Mensch ärgere dich nicht	chińczyk
Mikado	bierki
Murmeln	kulki do gry
Planschbecken	basen ogrodowy
Plüschbär	miś pluszowy
Puppe	lalka
Puppenhaus	domek dla lalek
Puppenwagen	wózek dla lalki
Puzzle(spiel)	puzzle, układanka
Rassel	grzechotka
Rennbahn	tor wyścigowy
Roller	hulajnoga
Rollschuhe	wrotki

Schachspiel	szachy
Schaukelpferd	koń na biegunach
Schreibtafel	tablica do pisania
Skateboard	deskorolka
Spielkarten	karty do gry
Spielzeugauto	samochodzik
Spielzeug-LKW	ciężarówka
Springseil	skakanka
Wasserpistole	pistolet na wodę
Zinnsoldaten	żołnierzyki ołowiane

Reklamationen — Reklamacje

Ich suche die Reklamation.	Szukam działu reklamacji.
Ich möchte etwas reklamieren.	Chciałem/Chciałam złożyć reklamację.
… funktioniert nicht.	… nie działa.
In diesen Schuhen kann ich leider nicht gehen. Es ist zwar meine Größe, aber die Schuhe drücken schrecklich.	W tych butach niestety nie da się chodzić. Mimo że to mój rozmiar, strasznie uwierają podczas chodzenia.
◊ Das ist kein Reklamationsgrund.	To nie jest podstawa do reklamacji.
Beim Zusammenbauen habe ich festgestellt, dass Teile fehlen.	Przy składaniu okazało się, że brakuje części.
Beim Herausnehmen aus dem Karton ist der Griff abgefallen.	Przy wyjmowaniu z pudełka odpadła rączka.

Diese Taschenlampe leuchtet nicht.	Ta latarka nie świeci.
Nach einem Tag hat es nicht mehr funktioniert.	Przestało działać już pierwszego dnia.
Erst zu Hause habe ich gemerkt, dass der Spiegel zerkratzt ist.	Dopiero w domu zauważyłem/zauważyłam, że to lustro ma rysę.
Diese Kanne hat einen Sprung.	Ten dzbanek jest pęknięty.
In diesem Buch fehlen vier Seiten.	W tej książce brakuje czterech stron.
Kann ich das umtauschen?	Czy mogę to wymienić?
Kann ich mir ein anderes Exemplar aussuchen?	Czy mogę wybrać inny egzemplarz?
Kann ich das zurückgeben?	Czy mogę to oddać?
Hier ist der Kassenzettel/die Rechnung.	Proszę, tu jest paragon/rachunek.
Könnten Sie das reparieren lassen? Sonst möchte ich gern das Geld zurück.	Proszę o naprawę albo zwrot pieniędzy.
Ich möchte lieber das Geld zurückbekommen.	Wolałbym/Wolałabym zwrot pieniędzy.
Ich möchte gern den Geschäftsführer sprechen.	Chciałbym/Chciałabym rozmawiać z kierownikiem sklepu.

Reparaturen	Naprawy
Könnten Sie … reparieren?	Czy mogę prosić o naprawę …?
Ich bringe ein Fahrrad zur Reparatur.	Chciałem/Chciałam zostawić rower do naprawy.
Der Absatz ist abgefallen.	Odpadł mi obcas.
Der Riemen an dieser Handtasche ist gerissen.	Urwał się pasek od torebki.
Der Griff ist abgefallen.	Odpadła rączka.
Der Reißverschluss ist kaputtgegangen.	Zepsuł się suwak.
Meine Uhr ist kaputt.	Zepsuł mi się zegarek.
Der Wecker klingelt nicht.	Budzik nie dzwoni.
Die Uhr …	Zegarek …
geht nach	późni się
geht nicht	nie chodzi
geht vor	śpieszy się
Lässt sich das reparieren?	Czy da się to naprawić?
Erfolgt die Reparatur im Rahmen der Garantie?	Czy naprawa będzie w ramach gwarancji?
Könnten sie das sofort reparieren?	Czy może pan to zrobić na poczekaniu?
Wie lange wird die Reparatur dauern?	Ile potrwa naprawa?
Wann kann ich das abholen?	Kiedy mogę się zgłosić po odbiór?
Wie viel wird das kosten?	Ile to będzie kosztowało?
Zahle ich jetzt oder bei der Abholung?	Płacę teraz czy przy odbiorze?

Frisör	**Fryzjer**
FRYZJER DAMSKI	Damenfrisör
FRYZJER MĘSKI	Herrenfrisör

Ich hätte gern einen Termin zum Haarelegen.	Chciałabym się umówić na uczesanie.
◊ Für wann?	Na kiedy?
Für morgen.	Na jutro.
Bitte …	Proszę …
legen, aber nicht waschen	czesanie bez mycia
nicht modellieren	bez modelowania
nicht zu kurz	nie za krótko
schneiden Sie mir die Haare kurz	mnie obciąć na krótko
schneiden Sie mir die Haare kürzer	mi skrócić włosy
schneiden Sie mir den Pony	mi skrócić grzywkę
Hier bitte kürzer schneiden und hier lang lassen.	Proszę tu skrócić, a tu zostawić dłuższe.
Den Scheitel bitte rechts.	Przedziałek poproszę z prawej strony.
Die Ohren sollen bedeckt sein.	Uszy mają być przykryte.
Bitte mit Haarlack.	Proszę polakierować.
Bitte keinen Haarlack.	Proszę nie lakierować.
Bitte nicht toupieren.	Proszę nie tapirować.
Ich möchte mir gern Strähnchen/eine Dauerwelle machen lassen.	Chciałabym zrobić pasemka/trwałą.

Ich möchte mir gern …	Chciałabym …
die Haare aufhellen lassen	rozjaśnić włosy
die Haare etwas kürzer schneiden lassen	podciąć włosy
die Haare färben lassen	ufarbować włosy
die Haare glätten lassen	rozprostować włosy
die Haare in Locken legen lassen	podkręcić włosy
die Haare stufig schneiden lassen	mocno wycieniować włosy
Ich hätte gern so eine Frisur wie auf diesem Foto.	Chciałabym fryzurę taką, jak na tym zdjęciu.
Bitte kürzen Sie mir den Bart.	Proszę mi skrócić zarost.
Bitte rasieren Sie mich.	Proszę mnie ogolić.

* * *

Blondine	blondynka
blonder Mann	blondyn
Brünette	szatynka
brünetter Mann	szatyn
schwarzhaarige Frau	brunetka
schwarzhaariger Mann	brunet

blondes Haar	włosy blond
dunkles Haar	włosy ciemne
Frisur	fryzura
gewelltes Haar	włosy falujące
glattes Haar	włosy proste
graues Haar	włosy siwe
Haare, Haar	włosy
Haartrockner	suszarka

helles Haar	włosy jasne
kastanienbraunes Haar	włosy kasztanowe
kurzes Haar	włosy krótkie
langes Haar	włosy długie
Lockenstab	lokówka elektryczna
Lockenwickler	lokówka, wałek
lockiges Haar	włosy kręcone
Perücke	peruka
platinblondes Haar	włosy platynowe
rotes Haar	włosy rude
Scheitel	przedziałek
Schuppen	łupież

Kosmetiksalon — **Gabinet kosmetyczny**

GABINET/SALON KOSMETYCZNY	Kosmetiksalon
SAUNA	Sauna
SOLARIUM	Sonnenstudio

Könnten Sie mir Make-up auftragen?	Czy może mi pani zrobić makijaż?
Ich hätte gern einen Termin …	Chciałbym/Chciałabym się umówić na …
zur Entspannungsbehandlung	zabieg relaksujący
zur Ganzkörpermassage	masaż całego ciała
zur Gesichtsmassage	masaż twarzy
zur Gesichtsreinigung	oczyszczanie twarzy
zur Kosmetik	wizytę u kosmetyczki

zur Schälkur	zabieg złuszczający
zur Schlankheitsbehandlung	zabieg wyszczuplający
Bitte legen Sie mir eine … Maske auf.	Proszę mi położyć maseczkę …
adstringierende	ściągającą
entspannende	relaksującą
feuchtigkeitsspendende	nawilżającą
nährende	odżywczą
reinigende	oczyszczającą
Ich hätte gern einen Termin zur Haarentfernung …	Chciałabym umówić się na depilację …
an den Beinen	nóg
in der Bikinizone	okolic bikini
Ich komme …	Chciałabym zrobić …
zur Maniküre	manikiur
zur Pediküre	pedikiur
Ich möchte mir gern die Augenbrauen und Wimpern färben lassen.	Chciałabym zrobić hennę brwi i rzęs.
Bitte lackieren Sie mir die Nägel …	Proszę polakierować mi paznokcie …
mit dunklem Nagellack	ciemnym lakierem
mit hellem Nagellack	jasnym lakierem
Bitte die Nägel nicht lackieren.	Proszę nie lakierować.
Ich möchte gern … nutzen.	Chciałbym/Chciałabym skorzystać z …
die Sauna	sauny
das Solarium	solarium
Bitte kleben Sie mir Tips auf.	Proszę mi nakleić tipsy.

Wäscherei, Reinigung	**Pralnia**

PRALNIA	Wäscherei
PRALNIA CHEMICZNA	Reinigung
PRALNIA EKOLOGICZNA	Ökologische Wäscherei
PRALNIA SAMOOBSŁUGOWA	Waschsalon
PRZYJMOWANIE	Annahme
WYDAWANIE	Ausgabe

Wo ist die nächste Reinigung?	Gdzie jest najbliższa pralnia chemiczna?
Ich möchte das gern waschen lassen.	Chciałbym/Chciałabym oddać to do prania.
Hier ist ein schlimmer Fleck. Glauben Sie, dass er sich entfernen lässt?	Tu jest paskudna plama. Czy sądzi pan/pani, że da się to sprać?
Kann man diesen Fleck herausbekommen?	Czy można wywabić tę plamę?
Ich möchte gern diesen Mantel reinigen lassen.	Chciałbym/Chciałabym oddać ten płaszcz do czyszczenia.
Bitte reinigen Sie diese Wildlederjacke.	Poproszę o wyczyszczenie tej zamszowej kurtki.
Bitte seien Sie vorsichtig mit dieser Bluse. Sie ist sehr empfindlich.	Proszę uważać na tę bluzkę. Jest bardzo delikatna.
Wie lange wird das dauern?	Jak długo to potrwa?
Kann ich warten?	Czy mogę poczekać?
Wann wird das fertig sein?	Na kiedy to będzie gotowe?
Könnte das bis morgen fertig sein?	Czy mogłoby to być na jutro?

Wie viel macht das?	Ile płacę?
Zahle ich jetzt oder bei der Abholung?	Płacę teraz czy przy odbiorze?

Fotogeschäft	Zakład fotograficzny
Ich möchte gern … machen lassen.	Chciałbym/Chciałabym zrobić sobie …
Fotos für den Führerschein	zdjęcia do prawa jazdy
Fotos für den Personalausweis	zdjęcia do dowodu
Fotos für den Schülerausweis/Studentenausweis	zdjęcia do legitymacji szkolnej/legitymacji studenckiej
Passfotos	zdjęcia do paszportu
Bitte brennen Sie die Fotos von der Speicherkarte auf eine CD.	Proszę przenieść zdjęcia z karty (pamięci) na CD.
Bitte brennen Sie die Fotos auf eine CD.	Proszę zgrać zdjęcia na CD.
Könnten Sie diesen Film einlegen?	Czy może pan/pani założyć ten film do aparatu?
Könnten Sie den Film herausnehmen?	Czy mogę prosić o wyjęcie filmu?
Ich möchte gern diesen Film zum Entwickeln abgeben.	Chciałbym/Chciałabym oddać ten film do wywołania.
Bitte ziehen Sie nur die guten Bilder ab.	Proszę zrobić odbitki tylko z dobrych zdjęć.

Ich hätte gern einen Abzug im Format …	Proszę zrobić po jednej odbitce w formacie …
Wann wird das fertig sein?	Na kiedy to będzie gotowe?
Wann kann ich das abholen?	Kiedy mam przyjść po odbiór?
Wie viel macht das?	Ile płacę?
Zahle ich jetzt oder bei der Abholung?	Płacę teraz czy przy odbiorze?
Ich möchte gern diesen Fotoapparat zur Reparatur abgeben.	Chciałbym/Chciałabym oddać aparat do naprawy.

* * *

Abzug	odbitka
Abzug auf Glanzpapier	odbitka na papierze błyszczącym
Abzug auf Mattpapier	odbitka na papierze matowym
Aufnahme	zdjęcie
Batterie	bateria
Bild	zdjęcie
Bilderrahmen	ramka do zdjęcia
Blende	migawka
Blitzgerät, Blitzlicht	lampa błyskowa
Dia(positiv)	slajd
Digitalkamera	aparat cyfrowy
Farbfilm	film kolorowy
Format 10x15	format dziesięć na piętnaście
Foto(grafie)	fotografia
Fotoalbum	album fotograficzny
Fotoapparat	aparat fotograficzny
Fotoatelier	atelier
Fotofilm	błona fotograficzna

Fotograf	fotograf
Fotokamera	aparat fotograficzny
Fotopapier	papier fotograficzny
Fototasche	torba na sprzęt fotograficzny
Kleinbildfilm	film małoobrazkowy
Kompaktkamera	aparat kompaktowy
Lichtmesser	światłomierz
Linse	soczewka
Negativ	negatyw
Objektiv	obiektyw
Schwarz-Weiß-Film	film czarno-biały
Spiegelreflexkamera	lustrzanka
Stativ	statyw
Teleobjektiv	teleobiektyw
überbelichtetes Foto	prześwietlone zdjęcie
unterbelichtetes Foto	niedoświetlone zdjęcie
Zähler	licznik

In der Touristeninformation	W informacji turystycznej
Kann ich … bekommen?	Czy dostanę …?
eine Auflistung von Übernachtungsmöglichkeiten	wykaz miejsc noclegowych
einen Prospekt von …	prospekt …
einen Stadtplan	plan miasta
einen Veranstaltungskalender	kalendarz imprez
Was ist hier sehenswert?	Co warto tutaj zobaczyć?
Können Sie mir eine interessante Wanderroute empfehlen?	Czy może mi pan/pani polecić ciekawą wycieczkę po okolicy?
Wo ist das Nationalmuseum?	Gdzie jest Muzeum Narodowe?
Welche Öffnungszeiten hat das Museum?	W jakich godzinach jest otwarte to muzeum?
Ich suche ein gutes Reisebüro.	Szukam dobrego biura podróży.
Können Sie mir etwas für den heutigen Abend empfehlen?	Czy może mi pan/pani polecić coś na dzisiejszy wieczór?

Besichtigung	Zwiedzanie
Wann beginnt die Führung?	Kiedy zaczyna się zwiedzanie?
Zu welchen Zeiten kann man … besichtigen?	W jakich godzinach można zwiedzać …?
Darf man … besichtigen?	Czy wolno zwiedzać …?
diese Kirche	ten kościół
diese Synagoge	tę synagogę

Um wie viel Uhr ist die Führung?	O której jest zwiedzanie z przewodnikiem?

GODZINY ZWIEDZANIA	Besichtigungszeiten
NASTĘPNE WEJŚCIE Z PRZEWODNIKIEM O GODZINIE …	Die nächste Führung ist um … Uhr

Ist eine individuelle Besichtigung möglich?	Czy można zwiedzać indywidualnie?
Haben Sie Audioführer?	Czy mają państwo audioprzewodniki?
◊ In welcher Sprache?	W jakim języku?
Auf Deutsch.	Po niemiecku.
Gibt es Ermäßigungen für …?	Czy są zniżki dla …?
Gruppen	grup zorganizowanych
Kinder	dzieci
Rentner	emerytów/rencistów
Studenten	studentów
Ich hätte gern zwei Karten: für einen Erwachsenen und ein Kind.	Poproszę dwa bilety: jeden dla osoby dorosłej, jeden dla dziecka.
Darf man hier fotografieren?	Czy wolno tutaj robić zdjęcia?
Haben wir (noch) genügend Zeit, um das Schloss zu besichtigen?	Czy wystarczy nam czasu na zwiedzenie zamku?
Wir treffen uns in zwei Stunden …	Spotykamy się za dwie godziny …
im Bus	w autokarze
an dieser Stelle/hier	w tym miejscu

NIE DOTYKAĆ	Bitte nicht berühren

Aus welcher Epoche stammt dieses Exponat?	Z jakiej epoki pochodzi ten eksponat?
Was für ein Gebäude ist das?	Co to za budynek?
Wann ist das gebaut worden?	Kiedy to zbudowano?
In welchem Stil wurde dieses Gebäude erbaut?	W jakim stylu jest ten budynek?
Wer hat das gemalt?	Kto to namalował?
Was für ein Denkmal ist das?	Co to za pomnik?
Wo ist der Souvenirladen?	Gdzie jest sklepik z pamiątkami?
Bekomme ich bei Ihnen …?	Czy dostanę …?
einen Katalog zu dieser Ausstellung	katalog tej wystawy
Reproduktionen polnischer Malerei	reprodukcje malarstwa polskiego
Ich hätte gern Reproduktionen von …	Proszę o reprodukcje obrazów …

* * *

Archäologie	archeologia
Ausgrabungen	wykopaliska
Aussichtspunkt	punkt widokowy
Ausstellung	wystawa
Blütezeit	okres rozkwitu
Botanischer Garten	ogród botaniczny
Denkmal	zabytek
Denkmalschutz	ochrona zabytków
Dorf	wieś
Dynastie	dynastia

Epoche	epoka
Exponat	eksponat
Freilichtmuseum	skansen
Führer	przewodnik
Fund	znalezisko
Grabmal des Unbekannten Soldaten	Grób Nieznanego Żołnierza
Geburtsort	miejsce urodzenia
Gemäldegalerie	galeria obrazów
Hauptstadt	stolica
Höhle	jaskinia
Innenstadt	centrum miasta
Jahrhundert	stulecie
Kaiser	cesarz
König	król
Kunst	sztuka
Kunstgalerie	galeria sztuki
Museum	muzeum
Nationalpark	park narodowy
Naturschutz	ochrona przyrody
Naturschutzgebiet	rezerwat przyrody
Orden	zakon
Panorama	panorama
Prinz	książę
rekonstruieren	rekonstruować
Religion	religia
restaurieren	restaurować
Schöne Künste	sztuki piękne
Stadt	miasto
Stadtviertel	dzielnica miasta

Sternwarte	obserwatorium astronomiczne
Stil	styl
Vernissage	wernisaż
Vogelreservat	rezerwat ptaków
Vorstadt	przedmieście
Wachablösung	zmiana warty
Wallfahrt	pielgrzymka
Wanderweg	szlak turystyczny
Zeitalter	wiek
Zoo, zoologischer Garten	zoo, ogród zoologiczny

* * *

Antike	antyk
arabische Kunst	sztuka arabska
Barock	barok
Bronzezeit	epoka brązu
byzantinische Kunst	sztuka bizantyjska
Christentum	chrześcijaństwo
Eklektizismus	eklektyzm
Epoche	epoka
Expressionismus	ekspresjonizm
Gotik	gotyk
griechische Kunst	sztuka grecka
heidnische Kunst	sztuka pogańska
Impressionismus	impresjonizm
Jugendstil	secesja
Klassizismus	klasycyzm
Kubismus	kubizm
lateinische Kunst	sztuka łacińska
Manierismus	manieryzm
Mittelalter	średniowiecze

moderne Kunst	sztuka nowoczesna
naive Kunst	sztuka naiwna
Naturalismus	naturalizm
Realismus	realizm
Renaissance	renesans, odrodzenie
Rokoko	rokoko
romanisch	romański
Romantik	romantyzm
Steinzeit	epoka kamienna
Surrealismus	surrealizm
Symbolismus	symbolizm
vorgeschichtlich	prehistoryczny

* * *

abstraktes Kunstwerk	abstrakcja
Akt	akt
Aquarell	akwarela
Audioführer	audioprzewodnik
Bild	obraz
Bildende Künste	sztuki plastyczne
Bildhauer	rzeźbiarz
Bronze	brąz
Büste	popiersie
Fotografie	fotografia
Fresko	fresk
Glasmalerei	malarstwo na szkle
Goldschmiedekunst	złotnictwo
Grafik	grafika
Gravierkunst	rytownictwo
Holzschnitt	drzeworyt
Keramik	ceramika

Kirchenfenster	witraż
Kopie	kopia
Kreuz	krzyż
Krone	korona
Kruzifix	krucyfiks
Kunstgewerbe	rzemiosło artystyczne
Künstler	artysta
Landschaft	pejzaż
Lithografie	litografia
Maler	malarz
Malerei	malarstwo
Meisterwerk	arcydzieło
Mosaik	mozaika
Plakat	plakat
Porträt	portret
Relief	płaskorzeźba
Siebdruck	sitodruk
Skizze	szkic
Skulptur	rzeźba
Statue	posąg
Stillleben	martwa natura
Thron	tron
Töpferei	garncarstwo
Vase	waza
Wandgemälde	malowidło ścienne
Zeichnung	rysunek

* * *

Abtei	opactwo
Altar	ołtarz
Altstadt	stare miasto
Amphitheater	amfiteatr

Architektur	architektura
Arena	arena
Aussichtsturm	wieża widokowa
Basilika	bazylika
Bauwerk	budowla
Bibliothek	biblioteka
Bleiglasfenster	okno witrażowe
Brücke	most
Brunnen	studnia
Dach	dach
Denkmal	pomnik
Fassade	fasada
Festung	forteca, twierdza
Flügel	skrzydło
Friedhof	cmentarz
Gartenpavillon	pawilon ogrodowy
Gebäude	budynek
Geburtshaus	dom urodzenia
Gedenkstätte	miejsce pamięci
Giebelwand	ściana szczytowa
Glocke	dzwon
Glockenturm	dzwonnica
Grab	grób
Graben	fosa
Grabmal	grobowiec
Grabplatte	płyta nagrobna
Granit	granit
Gutshaus	dwór
Hof	dziedziniec
Innenhof	dziedziniec wewnętrzny

Inschrift	inskrypcja
Kanzel	ambona
Kapelle	kaplica
Katakomben	katakumby
Kathedrale	katedra
Kirche	kościół
(Kirchen)schiff	nawa
Kirchturm	wieża kościelna
Kloster	klasztor
Kreuzgang	krużganek
Kreuzgewölbe	sklepienie krzyżowe
Kuppel	kopuła
Marmor	marmur
Mausoleum	mauzoleum
Messehalle	hala targowa
Mietshaus	kamienica
Minarett	minaret
Obelisk	obelisk
Orgel	organy
Palast	pałac
Platz	plac
Portal	portal
Portikus	portyk
Rathaus	ratusz
Ruinen	ruiny
Sandstein	piaskowiec
Sarkophag	sarkofag
Säule	kolumna
Schatzkammer	skarbiec
Schloss	zamek

Springbrunnen	fontanna
Stadtmauer	mury miejskie/obronne
Statue	statua
Sterngewölbe	sklepienie gwiaździste
Synagoge	synagoga
Tempel	świątynia
Tor	brama
Triumphbogen	łuk triumfalny
Turm	wieża
Windmühle	wiatrak
Zeichnung	rysunek
Zugbrücke	most zwodzony

Ausflug	**Wycieczka**
Ich möchte gern … nach … machen.	Chciałbym/Chciałabym się wybrać na … do …
eine Tagesfahrt	jednodniową wycieczkę
eine zweitägige Fahrt	dwudniową wycieczkę
eine dreitägige Fahrt	trzydniową wycieczkę
Bieten Sie Stadtrundfahrten an?	Czy organizują Państwo autokarowe wycieczki po mieście?
Wie lange dauert die Reise?	Jak długo trwa wycieczka?
Wie viel kostet eine solche Reise?	Ile kosztuje taka wycieczka?
Was ist in den Reisekosten enthalten/inbegriffen?	Co jest wliczone w cenę wycieczki?
◊ Die Reisekosten umfassen …	Cena wycieczki obejmuje …

die Betreuung durch den Reiseleiter	opiekę przewodnika
die Busfahrt	przejazd autokarem
die Eintrittskarten	bilety wstępu
die Mahlzeiten	posiłki
die Übernachtungen im Hotel	noclegi w hotelu
Sind noch Plätze frei?	Czy są wolne miejsca?
In welcher Sprache spricht der Reiseleiter?	W jakim języku mówi przewodnik?
Von welcher Stelle fährt der Bus ab?	Skąd odjeżdża autokar?
Um wie viel Uhr kommen wir zurück?	O której jest powrót?
Fahren wir an … vorbei?	Czy będziemy przejeżdżać obok …?
Ich möchte gern eine Radtour in der Umgebung machen.	Chciałbym/Chciałabym się wybrać na wycieczkę rowerową po okolicy.
Bieten Sie Radtouren für Gruppen an?	Czy organizują państwo grupowe wycieczki rowerowe?
Ich möchte gern ein Fahrrad leihen.	Chciałbym/Chciałabym wypożyczyć rower.
Ich habe ein eigenes Fahrrad.	Mam własny rower.

* * *

Gruppenreise	wycieczka grupowa
Radwanderung	wycieczka rowerowa kilkudniowa
Radweg	ścieżka rowerowa
Tour	wycieczka, przejażdżka
Wanderung	wędrówka, piesza wycieczka

Landschaft	Krajobraz
Berg/Berge	góra/góry
Bergspitze	szczyt góry
Bucht	zatoka
Fels	skała
Fluss	rzeka
Gebirge	góry
Gebirgskette	łańcuch górski
Gebirgspass	przełęcz
Gegend	okolica
Gipfel	szczyt
Hafen	port
Hochland	wyżyna
Höhle	jaskinia
Hügel	pagórek, wzgórze
Insel	wyspa
Kliff	klif
Küste	wybrzeże
Meer	morze
Ozean	ocean
Park	park
Riff	rafa
Sandstrand	plaża
Schlucht	wąwóz
der See	jezioro
die See	morze
Seeufer	brzeg morski
Stausee	sztuczny zalew
Sumpfland	bagna
Tal	dolina

Tiefland	nizina
Unterwasserfels	skała podwodna
Vulkan	wulkan
Wald	las
Wasserfall	wodospad
Wüste	pustynia

Bäume und Sträucher	**Drzewa i krzewy**
Ahorn	klon
Akazie	akacja
Besenginster	żarnowiec
Birke	brzoza
Buche	buk
Buchs(baum)	bukszpan
Eberesche	jarzębina
Eiche	dąb
Erle	olcha
Esche	jesion
Fichte	świerk
Flieder	bez
Forsythie	forsycja
Goldregen	złotokap
Haselnussstrauch	leszczyna
Holunder	czarny bez
Jasmin	jaśmin
Kastanie	kasztanowiec
Kiefer	sosna
Knöterich	rdest
Lärche	modrzew
Laubbäume	drzewa liściaste
Linde	lipa

Nadelbäume	drzewa iglaste
Pappel	topola
Tannenbaum	jodła
Ulme	wiąz
Wacholder	jałowiec
Weide	wierzba
Weinrebe	winorośl

Zoologischer Garten	**Ogród zoologiczny**
Entschuldigung, wo sind die Löwen?	Przepraszam, gdzie są lwy?
Wo finde ich das Affengehege?	Gdzie znajdę klatkę z małpami?

NIE KARMIĆ ZWIERZĄT	Tiere bitte nicht füttern

Amphibien	płazy
Auslauf	wybieg
Freigehege	wybieg
geschützte Art	gatunek chroniony
Glasschaukasten	szklana gablota
Haustiere	zwierzęta domowe
Käfig	klatka
Reptilien	gady
Säugetiere	ssaki
Tierhaus	pomieszczenie dla zwierząt
Vögel	ptaki
Voliere	woliera
Wildtiere	zwierzęta dzikie
Zoo	zoo

Tiere	**Zwierzęta**
Adler	orzeł
Affe	małpa
Antilope	antylopa
Biber	bóbr
Braunbär	niedźwiedź brunatny
Delphin	delfin
Dromedar	wielbłąd jednogarbny
Echse	jaszczurka
Eichhörnchen	wiewiórka
Eisbär	niedźwiedź biały/polarny
Elch	łoś
Elefant	słoń
Esel	osioł
Eule	sowa
Fasan	bażant
Flamingo	flaming
Flusspferd	hipopotam
Frosch	żaba
Fuchs	lis
Giraffe	żyrafa
Hamster	chomik
Hase	zając
Hirsch	jeleń
Hund	pies
Hyäne	hiena
Igel	jeż
Kamel	wielbłąd dwugarbny
Kanarienvogel	kanarek
Känguru	kangur

Kaninchen	królik
Katze	kot
Krokodil	krokodyl
Löwe	lew
Luchs	ryś
Meerschweinchen	świnka morska
Murmeltier	świstak
Nashorn	nosorożec
Ochse	wół
Panther	pantera
Papagei	papuga
Pfau	paw
Pferd	koń
Reh	sarna
Rentier	renifer
Robbe	foka
Schildkröte	żółw
Schlange	wąż
Schwan	łabędź
Schwein	świnia
Storch	bocian
Taube	gołąb
Tiger	tygrys
Viper	żmija
Wildgans	dzika gęś
Wildkatze	żbik
Wildschwein	dzik
Wisent	żubr
Wolf	wilk
Zebra	zebra

Ball	bal
Diskothek	dyskoteka
Festival	festiwal
Filmfestival	festiwal filmowy
Freilichttheater	teatr na powietrzu
Kabarett	kabaret
Karneval	karnawał
Kino	kino
Konzertsaal	sala koncertowa
Kunstgalerie	galeria sztuki
Museum	muzeum
Nationalmuseum	muzeum narodowe
Nationaltheater	teatr narodowy
Oper	opera
Operette	operetka
Philharmonie	filharmonia
Revue	rewia
Rummelplatz	wesołe miasteczko
Schlittenfahrt	kulig
(Spiel)kasino	kasyno
Tanzabend	zabawa taneczna
Theater	teatr
Theaterfestival	festiwal teatralny
Treffen	spotkanie towarzyskie, (*Versammlung*) zjazd, zlot
Vergnügungspark	park rozrywki
Videothek	wypożyczalnia filmów
Volksfest	festyn ludowy
Wildwasserpaddeln	spływ kajakowy
Zirkus	cyrk

Wo kann ich … kaufen?	Gdzie mogę kupić …?
Karten für die Philharmonie	bilety do filharmonii
Kinokarten	bilety do kina
Konzertkarten für …	bilety na koncert …
Opernkarten	bilety do opery
Theaterkarten	bilety do teatru
Ich hätte gern das Programm für diese Woche.	Chciałbym/Chciałabym zobaczyć repertuar na ten tydzień.
Ich hätte gern eine Karte für das Konzert von …	Chciałbym/Chciałabym kupić bilet na koncert …
Gibt es noch Karten für …?	Czy są jeszcze bilety na …?

BILETY WYPRZEDANE	Karten ausverkauft

Ich hätte gern …	Poproszę …
eine Karte für heute Abend	jeden bilet na dzisiejszy wieczór
zwei Karten, Balkonplätze bitte	dwa bilety, miejsca na balkonie
Ich hätte gern Plätze …	Poproszę miejsca …
auf der rechten Seite	z prawej strony
im hinteren Bereich des Saals	z tyłu sali
nahe der Leinwand	blisko ekranu
nebeneinander in den vorderen Reihen	koło siebie w pierwszych rzędach
Wie viel kostet ein Stehplatz?	Ile kosztuje wejściówka?
Gibt es einen Vorverkauf?	Czy jest przedsprzedaż biletów?
Ich möchte gern (diese) Karten zurückgeben.	Chciałbym/Chciałabym zwrócić bilety.

Wie viel Zeit ist noch bis zum Vorstellungsbeginn?	Ile jest jeszcze czasu do rozpoczęcia przedstawienia?
Wo ist die Garderobe?	Gdzie jest szatnia?
Gibt es hier ein Café?	Czy jest tu kawiarnia?
Ist dieser Film synchronisiert?	Czy ten film jest dubbingowany?

* * *

Chor	chór
Dirigent	dyrygent
Komponist	kompozytor
Orchester	orkiestra
Pianist/Pianistin	pianista/pianistka
Platzanweiser/Platzanweiserin	bileter/bileterka
Quartett	kwartet
Regisseur	reżyser
Sänger/Sängerin	śpiewak/śpiewaczka
Schauspieler/Schauspielerin	aktor/aktorka
Tänzer/Tänzerin	tancerz/tancerka

* * *

Balett	balet
Drama	dramat
Festival	festiwal
Film	film
Folkmusik	muzyka folkowa
Kammermusik	muzyka kameralna
klassische Musik	muzyka poważna
Komödie	komedia
Konzert	koncert
moderne Musik	muzyka współczesna
Musical	musical

Musik	muzyka
sinfonische Musik	muzyka symfoniczna
Singspiel	wodewil
Theaterstück	sztuka teatralna
Vorstellung	przedstawienie

Musikinstrumente	**Instrumenty muzyczne**
Blechblasinstrumente	instrumenty dęte blaszane
Holzblasinstrumente	instrumenty dęte drewniane
Saiteninstrumente	instrumenty strunowe
Tasteninstrumente	instrumenty klawiszowe

Bratsche	altówka
Fagott	fagot
Flöte	flet
Geige	skrzypce
Gitarre	gitara
Harfe	harfa
Posaune	puzon
Horn	róg
Klarinette	klarnet
Klavier	fortepian
Kontrabass	kontrabas
Oboe	obój
Orgel	organy
Querflöte	flet poprzeczny
Saxophon	saksofon
Schlagzeug	perkusja
Trommel	bęben
Trompete	trąbka
Tuba	tuba

(Violon)cello	wiolonczela
Waldhorn	waltornia

Nachtlokal	**Nocny lokal**
Wo kann man sich hier amüsieren?	Gdzie tu można pójść się zabawić?
Gibt es hier in der Nähe …?	Czy jest tu w pobliżu …?
einen Jazzclub	jakiś klub jazzowy
ein Tanzlokal	jakiś dansing
Welche Band spielt heute?	Jaki dzisiaj gra zespół?
Wo gibt es hier …?	Gdzie w pobliżu jest …?
eine Bar	jakiś bar
eine gemütliche Kneipe	jakaś miła knajpka
Ist Abendkleidung Pflicht?	Czy obowiązuje strój wieczorowy?
Möchtest du tanzen?	Zatańczysz?
Darf ich bitten?	Czy można (panią) prosić (do tańca)?
Sie tanzen sehr gut.	Bardzo dobrze pan/pani tańczy.
Was möchtest du trinken?	Czego się napijesz?
Darf ich Sie nach Hause begleiten?	Czy mogę panią odprowadzić do domu?
Gibt es hier in der Nähe ein gemütliches Plätzchen, wo …?	Czy jest tu w pobliżu jakieś sympatyczne miejsce, gdzie można …?
Musik gespielt wird	posłuchać muzyki
man tanzen kann	potańczyć

Spielkasino	Kasyno
Ich möchte gern 20 Euro in Jetons umtauschen.	Chciałbym/Chciałabym zamienić dwadzieścia euro na żetony.
Welchen Knopf muss ich drücken?	Który guzik mam nacisnąć?
Wie beginne ich ein neues Spiel?	Jak zacząć nową grę?

* * *

Blackjack	blackjack
Croupier	krupier
einarmiger Bandit	jednoręki bandyta
Roulette	ruletka
Spielautomat	automat do gry

Was ist Ihr Lieblingssport?	Jaka jest pana/pani ulubiona dyscyplina sportu?
Treibst du Sport?	Czy uprawiasz jakiś sport?
Ich spiele Basketball.	Gram w koszykówkę.
Welche Möglichkeiten aktiver Erholung gibt es hier?	Jakie są tu możliwości aktywnego wypoczynku?
Wo kann ich Sportausrüstungen leihen?	Gdzie mogę wypożyczyć sprzęt sportowy?
Kann man hier irgendwo angeln?	Czy można tu gdzieś łowić ryby?
Brauche ich eine Erlaubnis?	Czy muszę mieć pozwolenie?

* * *

Angelhaken	haczyk
Angelköder	przynęta
angeln	łowić ryby
Angelrute	wędka
Angelschein	karta wędkarska
Angelschnur	żyłka
Mindestmaß	wymiar ochronny
Pose	spławik
Schonzeit	okres ochronny

* * *

Aerobic	aerobic
Aikido	aikido
Ausritt	przejażdżka konna
Badminton	badminton
Beachvolleyball	siatkówka plażowa
Bergwandern	chodzenie po górach
Bergsteigen	wspinaczka
Bodybuilding	kulturystyka

Darts	rzutki
Drachen	latawiec
Extremsportarten	sporty ekstremalne
Geländewagen	samochód terenowy
Gleitschirm	paralotnia
Gleitschirmfliegen	paralotniarstwo
Gokart	gokart
Hängegleiten	lotniarstwo
Hängegleiter	lotnia
Inlineskaten	jeżdżenie na rolkach
Jagd	polowanie
jagen	polować
Jogging	jogging
Judo	judo
Karate	karate
Karting	karting
Kegeln	kręgle
Laufen	bieganie
Minigolf	minigolf
Nordic Walking	nordic walking
Radfahren	jazda na rowerze
Reiten	jazda konna
Schießen	strzelanie
Schießplatz	strzelnica
Schlittschuhlaufen	jeżdżenie na łyżwach
Schwimmen	pływanie
Segeln	żeglowanie
Skilaufen	jeżdżenie na nartach
Snowboard	deska snowboardowa
Snowboarden	jeżdżenie na snowboardzie
Spiele	gry

Squash	squash
Surfbrett	deska surfingowa
Surfen	surfing
Taekwondo	taekwondo
Tauchen	nurkowanie
Tischtennis	tenis stołowy, ping-pong
Windsurfen	windsurfing
Yoga	joga

Freizeitzentrum	**Ośrodek rekreacyjny**
Billard	bilard
Fitnessstudio	siłownia
FKK-Strand	plaża dla naturystów
Freibad	basen otwarty/odkryty
Freizeitbad	park wodny
Freizeitpark	park rozrywki
Hallenbad	basen kryty
Kegelbahn	kręgielnia
Kletterwand	ścianka do wspinaczki
Nichtschwimmerbecken	basen dla nieumiejących pływać
Sandstrand	plaża piaszczysta
Sauna	sauna
Schießplatz	strzelnica
Schwimmbad	basen
Sonnenstudio	solarium
Spielplatz	boisko
Sportclub	klub sportowy

Steinstrand	plaża kamienista
Strand	plaża
Strandbad	kąpielisko
Tennisplatz	kort tenisowy
Wellnessbereich	gabinet odnowy biologicznej

* * *

Wo kann man hier baden?	Gdzie tu można się kąpać?
Darf man hier baden?	Czy można się tu kąpać?
Wie tief ist es hier?	Jak tu jest głęboko?
Um wie viel Uhr ist …?	O której godzinie jest …?
Ebbe	odpływ
Flut	przypływ
◊ Hier gibt es keine Flut.	Tu nie ma przypływu.

ZAKAZ KĄPIELI	Baden verboten

Wie komme ich zum Strand?	Jak dostać się na plażę?
Wird dieser Strand überwacht?	Czy ta plaża jest strzeżona?
Gibt es hier einen Rettungsschwimmer?	Czy jest tu ratownik?
Kann man hier Schwimmunterricht nehmen?	Czy jest tu prowadzona nauka pływania?
Ich möchte gern … leihen.	Chciałbym/Chciałabym wypożyczyć …
ein Boot	łódkę
einen Liegestuhl	leżak
eine Luftmatratze	materac dmuchany
ein Paddelboot	kajak
ein Surfbrett	deskę surfingową

ein Tretboot	rower wodny
Wasserski	narty wodne
Wie viel kostet die Stunde?	Ile płacę za godzinę?
Wo kann ich … kaufen?	Gdzie mogę kupić …?
eine Bademütze	czepek
einen Rettungsring	koło ratunkowe
eine Schwimmbrille	okulary do pływania
Schwimmflossen	płetwy
eine Taucherbrille	okulary do nurkowania
Wo sind die Duschen?	Gdzie są prysznice?
Gibt es hier …?	Czy jest tu …?
ein beheiztes Becken	basen z podgrzewaną wodą
einen Whirlpool	jacuzzi
Gibt es hier Wasserstrahlmassage?	Czy są tu bicze wodne?
Welches ist das Kinderschwimmbecken?	Który z basenów jest przeznaczony dla dzieci?
Gilt die Eintrittskarte für alles?	Czy bilet jest ważny na wszystko?
Ist das nicht gefährlich?	Czy to nie jest niebezpieczne?

Tennisplatz — Kort tenisowy

Gibt es hier in der Nähe einen Tennisplatz?	Czy są gdzieś w pobliżu korty tenisowe?
Ich möchte gern Schläger und Bälle leihen.	Chciałbym/Chciałabym wypożyczyć rakiety i piłki.
Wir suchen noch einen Mitspieler für ein Doppel.	Szukamy czwartego do debla.

Ich möchte gern einen Platz für eine Stunde mieten.	Chciałbym/Chciałabym wynająć kort na godzinę.
Wie viel kostet die Stunde?	Ile płacę za godzinę?
Gibt es hier einen Tennislehrer?	Czy jest tu instruktor tenisa?
Gibt es hier eine Bar?	Czy jest tu jakiś barek?

Golf	**Golf**
Gibt es hier in der Nähe einen Golfplatz?	Czy jest tu gdzieś w pobliżu pole golfowe?
Wie viel kostet eine Runde?	Ile kosztuje jedna gra?
Kann ich mich für morgen anmelden?	Czy mogę się zapisać na jutro?
Wo kann ich Schläger leihen?	Gdzie mogę wypożyczyć kije?
Ich habe eigene Ausrüstung.	Mam własny sprzęt.
Kann ich mich irgendeinem Spieler anschließen?	Czy mogę się przyłączyć do jakiegoś gracza?
Ich möchte mich gern im Golfclub anmelden.	Chciałbym/Chciałabym zapisać się do klubu.
Kann ich ein Wochenabo kaufen?	Czy mogę wykupić tygodniowy abonament?

Gestüt, Reitclub	**Stadnina, klub jeździecki**
Gibt es hier einen Reitclub?	Czy jest tu klub jeździecki?
Kann man …?	Czy można …?
bei Ihnen Einzelunterricht nehmen	wykupić u państwa lekcje indywidualne

einen einwöchigen Aufenthalt im Gestüt buchen	wykupić tygodniowy pobyt w stadninie
hier Reiten lernen	tu nauczyć się jazdy konnej
Wie viel kostet ein solcher Unterricht?	Ile kosztują takie lekcje?
Wie viel kostet der Aufenthalt zusammen mit dem Reitkurs?	Ile kosztuje pobyt razem z kursem?
Wann kann ich mit dem Reitunterricht beginnen?	Od kiedy mogę zacząć naukę jazdy?
Schritt	stęp
Trab	kłus
Galopp	galop
Hengst	ogier
Stute	klacz
Wallach	wałach
Geschirr	uprząż
Hufeisen	podkowa
Reitgerte	bat
Reithose	bryczesy
Reitkappe	toczek
Reitstiefel	buty do jazdy konnej
Reitstiefeletten	sztyblety
Sattel	siodło
Trense	wędzidło
Zaum(zeug)	uzda

Wintersport	Sporty zimowe
Gibt es hier in der Nähe eine Eisbahn?	Czy jest tu gdzieś lodowisko?
Ist sie überdacht?	Czy jest ono kryte?
Wie komme ich dorthin?	Jak się tam dostać?
Wie sind die Öffnungszeiten?	W jakich godzinach jest czynne?
Kann man dort Schlittschuhe leihen?	Czy można tam wypożyczyć łyżwy?
Größe … bitte.	Poproszę numer …
Wie hoch ist die Leihgebühr?	Ile płacę za wypożyczenie łyżew?
Wie viel kostet die Stunde?	Ile kosztuje godzina jazdy?
Wo ist hier eine Rodelbahn?	Gdzie tu jest tor saneczkowy?
Ich möchte gern …	Chciałabym/Chciałabym …
Gruppenunterricht nehmen	uczyć się w grupie
einen Schlitten leihen	wypożyczyć sanki
Skilaufen lernen	nauczyć się jeździć na nartach
Gibt es hier einen Skilehrer?	Czy jest tu instruktor jazdy na nartach?
Kann ich Einzelunterricht nehmen?	Czy mogę wziąć lekcje indywidualne?
Wie viel kostet ein zweiwöchiger Kurs?	Ile kosztuje dwutygodniowy kurs?
Bitte melden Sie mich an.	Proszę mnie zapisać.
Kann man hier eine Ausrüstung leihen?	Czy można wypożyczyć sprzęt?

Ich möchte gern Skier für … leihen.	Chciałabym/Chciałabym wypożyczyć narty na …
vier Stunden	cztery godziny
einen Tag	cały dzień
eine Woche	tydzień
zwei Wochen	dwa tygodnie
Ist dieser Hang sanft?	Czy ten stok jest łagodny?
Gibt es hier einen Hügel für Anfänger?	Czy jest tu jakaś „ośla łączka"?
Gibt es hier einen Sessellift?	Czy jest tu wyciąg krzesełkowy?
◊ Nein, nur einen Schlepplift.	Nie, jest tylko orczykowy.
Ich möchte gern mit der Seilbahn zum Kasprowy Wierch fahren.	Chciałbym/Chciałabym pojechać kolejką linową na Kasprowy Wierch.
Wo ist die Seilbahnstation?	Gdzie jest stacja kolejki linowej?
Ein Ticket bitte.	Proszę jeden bilet.
Hin- und Rückfahrt bitte.	Proszę bilet w obie strony.

ZAGROŻENIE LAWINOWE	Lawinengefahr

abbiegen	skręcić
abfahren	zjechać w dół
Abfahrtsskier	narty zjazdowe
Berghütte	schronisko górskie
Rennskier	biegówki
Schlepplift	wyciąg orczykowy
Schlitten	sanki
Sessellift	wyciąg krzesełkowy

Skianzug	kombinezon narciarski
Skibindungen	wiązania
Skibrille	gogle
Skier	narty
Skipass	karnet narciarski
Skipiste	trasa (zjazdowa)
Skispringen	skoki narciarskie
Skispringer	skoczek
Skistöcke	kije narciarskie
Snowboard	deska do snowboardu
Sprungschanze	skocznia
stürzen	upaść

Sportveranstaltungen	**Imprezy sportowe**
Welche Sportveranstaltungen finden hier statt?	Jakie imprezy sportowe odbywają się tutaj?
Um wie viel Uhr beginnt das Fußballspiel?	O której godzinie zaczyna się mecz?
Welche Mannschaften spielen?	Jakie drużyny grają?
Wer spielt?	Kto gra?
Für welche Mannschaft sind Sie?	Której drużynie pan/pani kibicuje?
Ich bin Fan von …	Kibicuję …
Wer führt?	Kto prowadzi?
Was für ein Pass/Schuss!	Ale podanie/strzał!
Wie steht es?	Jaki jest wynik?
◊ 2 zu 1.	Dwa do jednego.

Wo kann ich auf Pferde setzen?	Gdzie mogę obstawić konie?
Ich möchte gern auf das Pferd mit der Startnummer … setzen.	Chciałbym/Chciałabym postawić na konia z numerem …

* * *

Abseits	spalony
Amateur	amator
Aus	aut
ausgleichen	wyrównać wynik
Disqualifikation	dyskwalifikacja
disqualifizieren	zdyskwalifikować
Eckstoß	rzut rożny
Etappe	etap
Fehlstart	falstart
Foul	faul
Freistoß	rzut wolny
Führung	czołówka/(*Vorsprung im Spiel*) prowadzenie
Fußballspieler	piłkarz
gelbe Karte	żółta kartka
gelbes Trikot	żółta koszulka
gewinnen	wygrać
Mannschaft	drużyna
Medaille	medal
Meister	mistrz
Meisterschaften	mistrzostwa
Peloton	peleton
Pokal	puchar
Profi, Professional	zawodowiec
Rekord	rekord

rote Karte	czerwona kartka
Schiedsrichter	sędzia
Spieler	gracz
Strafstoß	rzut karny
Tor	bramka/(*Treffer*) gol
Trainer	trener
Training	trening
Unentschieden	remis
verlieren	przegrać
Wettkampf	zawody
Wettrennen	wyścig

Sportdisziplinen	**Dyscypliny sportowe**
Basketball	koszykówka
Bogenschießen	łucznictwo
Boxen	boks
Diskuswerfen	rzut dyskiem
Dreisprung	trójskok
Eishockey	hokej na lodzie
Eissport	łyżwiarstwo
Fechten	szermierka
Feldhockey	hokej na trawie
Fußball	piłka nożna
Golf	golf
Gymnastik	gimnastyka
Hammerwerfen	rzut młotem
Handball	piłka ręczna
Hochsprung	skok wzwyż

Hürdenlauf	bieg przez płotki
Judo	judo
Kugelstoßen	pchnięcie kulą
Laufen	bieg
Leichtathletik	lekkoatletyka
Pferderennen	wyścigi konne
Radsport	kolarstwo
Reitsport	jeździectwo
Ringen	zapasy
Rugby	rugby
Schießen	strzelectwo
Schwimmen	pływanie
Segelfliegen	szybownictwo
Segeln	żeglarstwo
Skisport	narciarstwo
Speerwerfen	rzut oszczepem
Stabhochsprung	skok o tyczce
Synchronschwimmen	pływanie synchroniczne
Tennis	tenis
Volleyball	siatkówka
Wasserball	piłka wodna
Weitsprung	skok w dal

Ist jemand von Ihnen Arzt?	Czy ktoś z państwa jest lekarzem?
Bitte rufen Sie den Rettungsdienst.	Proszę wezwać pogotowie ratunkowe.
Wo ist die nächste Poliklinik?	Gdzie jest najbliższa przychodnia lekarska?
Wann hat … Sprechstunde?	Kiedy przyjmuje …?

* * *

Anästhesist	anestezjolog
Augenarzt	okulista
Chirurg	chirurg
Geburtshelfer	położnik
Geriater	geriatra
Gynäkologe, Frauenarzt	ginekolog
Hals-Nasen-Ohren-Arzt	laryngolog
Hämatologe	hematolog
Hautarzt	dermatolog
Homöopath	homeopata
Internist	internista
Kardiologe	kardiolog
Kinderarzt	pediatra
Neurologe	neurolog
Onkologe	onkolog
Orthopäde	ortopeda
Psychiater	psychiatra
Psychoanalytiker	psychoanalityk
Rheumatologe	reumatolog
Sexualmediziner	seksuolog
Urologe	urolog
Zahnarzt	dentysta, stomatolog
Zytologe	cytolog

Beim Arzt	**U lekarza**
◊ Was fehlt Ihnen?	Co panu/pani dolega?
Ich habe hier Schmerzen.	Tu mnie boli.
Mir tut der Magen weh.	Boli mnie żołądek.
Mir tun die Ohren weh.	Bolą mnie uszy.
Mir ist übel.	Mdli mnie./Niedobrze mi.
Ich fühle mich nicht wohl.	Źle się czuję.
Ich habe mich übergeben.	Wymiotowałem./Wymiotowałam.
Ich habe Durchfall.	Mam biegunkę.
Ich habe Schwindelanfälle.	Mam zawroty głowy.
Ich bin ohnmächtig geworden.	Zemdlałem./Zemdlałam.
Ich habe häufig Nasenbluten.	Mam częste krwotoki z nosa.
Ich bin erkältet.	Jestem przeziębiony/przeziębiona.
Ich kann nicht schlafen.	Nie mogę spać.
Ich habe seit … keine Periode.	Nie mam miesiączki od …
Mir brennt/brennen …	Piecze/Pieką mnie …
Mir juckt/jucken …	Swędzi/Swędzą mnie …
Ich habe mich verletzt.	Skaleczyłem/Skaleczyłam się.
Ich habe mich verbrüht.	Oparzyłem się./Oparzyłam się.
Ich bin gestürzt.	Przewróciłem/Przewróciłam się.
Ich kann das Bein nicht bewegen.	Nie mogę ruszać nogą.
Ich habe mir das Bein verrenkt/verstaucht.	Skręciłem/Skręciłam/Zwichnąłem/Zwichnęłam sobie nogę.
Mein Knie ist geschwollen.	Spuchło mi kolano.
◊ Das Bein ist gebrochen.	Noga jest złamana.

◊ Sie haben eine Muskelzerrung.	Ma pan/pani naciągnięty mięsień.
Ich wurde von … gebissen.	… mnie ugryzł.
Die Mücken haben mich zerstochen.	Pogryzły mnie komary.
Ich wurde von einer Biene/Wespe gestochen.	Użądliła mnie pszczoła/osa.
◊ Bitte machen Sie den Oberkörper frei.	Proszę się rozebrać do pasa.
◊ Bitte legen Sie sich …	Proszę się położyć ….
auf den Bauch	na brzuchu
auf den Rücken	na wznak/na plecach
◊ Bitte …	Proszę …
nicht atmen	nie oddychać
nicht bewegen	się nie ruszać
husten Sie ab	odkaszlnąć
öffnen Sie den Mund	otworzyć usta
tief ein- und ausatmen	oddychać głęboko
zeigen Sie mir Ihre Zunge	pokazać język
◊ Tut das weh?	Czy to boli?
◊ Seit wann haben Sie diese Beschwerden?	Od jak dawna to panu/pani dolega?
◊ Haben Sie Fieber?	Czy ma pan/pani gorączkę?
Habe ich nicht gemessen.	Nie mierzyłem./Nie mierzyłam.
◊ Bitte messen Sie die Temperatur.	Proszę zmierzyć temperaturę.
Ich habe Fieber.	Mam gorączkę.
◊ Wie ist Ihr Blutdruck?	Jakie ma pan/pani ciśnienie?
Ich habe hohen/niedrigen Blutdruck.	Mam wysokie/niskie ciśnienie.

◊ Ich messe Ihnen den Blutdruck.	Zmierzę panu/pani ciśnienie.
◊ Bitte krempeln Sie den Ärmel hoch.	Proszę podwinąć rękaw.
◊ Leiden Sie an einer chronischen Krankheit?	Czy choruje pan/pani na jakieś przewlekłe choroby?
Ich leide an …	Choruję na …
Ich bin zuckerkrank.	Mam cukrzycę.
Ich bin HIV-positiv.	Jestem nosicielem wirusa HIV.
Ich bin allergisch gegen …	Jestem uczulony/uczulona na …
Ich bin (im … Monat) schwanger.	Jestem w (… miesiącu) ciąży.
◊ Hatten Sie in letzter Zeit viel Stress?	Czy ostatnio żył pan/żyła pani w stresie?
◊ Nehmen Sie irgendwelche Medikamente?	Czy zażywa pan/pani jakieś leki?
Ich nehme regelmäßig … ein.	Regularnie biorę …
◊ Sind Sie gegen … geimpft?	Czy jest pan szczepiony/pani szczepiona przeciw …?
Ich bin gegen … geimpft.	Jestem szczepiony/szczepiona przeciwko …
Ich bin nicht gegen … geimpft.	Nie jestem szczepiony/szczepiona przeciwko …
Ist es etwas Ernstes?	Czy to coś poważnego?
◊ Es ist nichts Ernstes.	To nic poważnego.
◊ Ich verordne Ihnen … Tage Bettruhe.	Proszę pozostać w łóżku przez … dni.
◊ Bitte reiben Sie die schmerzende Stelle damit ein.	Proszę to wcierać w bolące miejsce.

◊ Bitte melden Sie sich bei mir, wenn Sie keine Medikamente mehr haben.	Proszę się do mnie zgłosić, jak się skończą leki.
◊ Bitte kommen Sie in … Tagen wieder.	Proszę się do mnie zgłosić za … dni.
◊ Bitte kommen Sie in einer Woche zur Kontrolle.	Proszę przyjść do kontroli za tydzień.
◊ Es müssen einige Untersuchungen gemacht werden.	Trzeba zrobić badania.
◊ Es müssen Röntgenbilder gemacht werden.	Trzeba zrobić prześwietlenie.
◊ Bitte kommen Sie mit dem Befund zu mir.	Proszę przyjść do mnie z wynikami.
◊ Ich überweise Sie zu einem Facharzt.	Skieruję pana/panią do specjalisty.
◊ Ich schreibe Ihnen eine Überweisung.	Wypiszę panu/pani skierowanie.
◊ Ich stelle Ihnen ein Rezept aus.	Wypiszę panu/pani receptę.
◊ Ich schreibe Sie krank.	Wypiszę panu/pani zwolnienie.
◊ Falls es bis morgen nicht besser wird, melden Sie sich bitte im Krankenhaus.	Jeśli się nie poprawi do jutra, proszę się zgłosić do szpitala.
◊ Ich schreibe Ihnen eine Einweisung ins Krankenhaus.	Wypiszę panu/pani skierowanie do szpitala.
◊ Sie sind schwanger.	Jest pani w ciąży.

Im Krankenhaus	**W szpitalu**
Wo ist das nächste Krankenhaus?	Gdzie jest najbliższy szpital?

Ich habe eine Einweisung vom Kardiologen.	Mam skierowanie od kardiologa.
◊ Eine Operation ist nötig.	Konieczna będzie operacja.
◊ Sind Sie versichert?	Czy jest pan ubezpieczony/ pani ubezpieczona?
Deckt die Versicherung die Behandlungskosten?	Czy ubezpieczenie pokryje koszty leczenia?
Wie lange muss ich hier bleiben?	Jak długo muszę tu zostać?
Um wie viel Uhr ist Visite?	Kiedy jest obchód?
Ich muss auf die Toilette.	Muszę do toalety.
Ich kann nicht einschlafen.	Nie mogę zasnąć.
Könnten Sie mir ein … geben?	Czy mogę dostać jakiś …?
Schlafmittel	środek na sen
Schmerzmittel	środek przeciwbólowy
Wann darf ich aufstehen?	Kiedy mogę wstać z łóżka?
Wann werde ich entlassen?	Kiedy będę mógł/mogła opuścić szpital?
Wo liegt Herr/Frau …?	Gdzie leży pan/pani …?
◊ Auf der chirurgischen Station.	Na oddziale chirurgicznym.
◊ Der Patient hat auf eigenen Wunsch das Krankenhaus verlassen.	Pacjenta wypisano na własną prośbę.

* * *

behandelnder Arzt	lekarz prowadzący
Bereitschaftsdienst	ostry dyżur
Besuchszeit	godziny odwiedzin
Entlassungsschein	wypis ze szpitala
erste Hilfe	pierwsza pomoc
Hebamme	położna

Hilfsschwester	salowa
Intensivstation	oddział intensywnej opieki medycznej, OIOM
Kinderstation	oddział dziecięcy
Krankenblatt	karta choroby
Krankenschwester	pielęgniarka
medizinische Hilfe	pomoc medyczna
Oberarzt	ordynator
Operationssaal	sala operacyjna
Station	oddział
Zimmer Nr. …	sala numer …

Beschwerden und Krankheiten	**Dolegliwości i choroby**
Abszess	ropień
Akne	trądzik
Allergie	alergia
Anämie	anemia
Angina	angina
Arteriosklerose	miażdżyca
Arthritis	zapalenie stawów
Asthma	astma
Atemnot	duszność
Ausschlag	wysypka
Bandscheibenvorfall	dyskopatia
Bauchschmerzen	ból brzucha
Bindehautentzündung	zapalenie spojówek
Blinddarmentzündung	zapalenie wyrostka robaczkowego

Bluthochdruck	nadciśnienie
Blutung	krwotok
Bronchitis	zapalenie oskrzeli
Bruch	złamanie
Bulimie	bulimia
degenerative Wirbelsäulenerkrankungen	zwyrodnienia kręgosłupa
Depression	depresja
Diabetes (mellitus)	cukrzyca
Durchfall	biegunka
Entzündung	zapalenie
Epilepsie	padaczka
Erbrechen	wymioty
Erfrierung	odmrożenie
Erkältung	przeziębienie
Fehlgeburt	poronienie
Fieber	gorączka
Gallensteine	kamica żółciowa
Gehirnerschütterung	wstrząs mózgu
Gehirnschlag	udar mózgu
Gelbsucht	żółtaczka
Gerstenkorn	jęczmień
Geschlechtskrankheit	choroba weneryczna
Geschwulst	nowotwór, guz
Geschwür	wrzód
Gliederschmerzen	łamanie w kościach
Gonorrhö	rzeżączka
Grippe	grypa
Halsentzündung	zapalenie gardła
Halsschmerzen	ból gardła
Hämorrhoiden	hemoroidy

Herpes	opryszczka
Herzrasen	palpitacje
Herzschmerzen	ból serca
Hirnblutung	wylew (krwi do mózgu)
Hirnhautentzündung	zapalenie opon mózgowych
Husten	kaszel
Infarkt	zawał
Infektion	zakażenie
Insektenstich	ukąszenie
Karies	próchnica
Karzinom	nowotwór złośliwy
Knoten	guz
Koma	śpiączka
Kopfschmerzen	ból głowy
koronare Herzkrankheit, KHK	choroba wieńcowa
Krampfader	żylak
Krebs	rak
Kreislaufstörungen	zaburzenia krążenia
Lähmung	paraliż
Lebensmittelvergiftung	zatrucie pokarmowe
Leukämie	białaczka
Lungenentzündung	zapalenie płuc
Magenverstimmung	rozstrój żołądka, niestrawność
Magersucht	anoreksja
Mandelentzündung	zapalenie migdałków
Masern	odra
Migräne	migrena
Mumps	świnka
Nervenentzündung	zapalenie nerwów
Nervenschmerzen	nerwobóle

Neurose	nerwica
niedriger Blutdruck	niedociśnienie
Nierensteine	kamica nerkowa
Ohnmacht	omdlenie
Osteoporose	osteoporoza
Pilzerkrankung	grzybica
Plattfuß	płaskostopie
Pocken	ospa
Reisekrankheit	choroba lokomocyjna
Rheumatismus	reumatyzm
Röteln	różyczka
Scharlach	szkarlatyna
Schielen	zez
Schizophrenie	schizofrenia
Schlaganfall	udar mózgu
Schmerz/Schmerzen	ból/bóle
Schnupfen	katar
Schuppenflechte	łuszczyca
Seekrankheit	choroba morska
Sodbrennen	zgaga
Sonnenstich	udar słoneczny
Stoffwechselstörungen	zaburzenia przemiany materii
Stress	stres
Syphilis	kiła
Tripper	rzeżączka
Tuberkulose	gruźlica
Tumor	nowotwór
Übelkeit	mdłości
Verbrennung	oparzenie
Verletzung	skaleczenie

Verstopfung	zaparcie
Windpocken	ospa wietrzna
Wirbelsäulenverkrümmung	skrzywienie kręgosłupa
Wunde	rana
Wurzelsyndrom	korzonki
Zahnfleischentzündung	zapalenie dziąsła
Zahnschmerzen	ból zęba
Zuckerkrankheit	cukrzyca

Körperteile	**Części ciała**
(Augen)lid/(Augen)lider	powieka/powieki
Achsel	pacha
Arm	ramię
Auge/Augen	oko/oczy
Augenbraue/Augenbrauen	brew/brwi
Bauch	brzuch
Bauchnabel	pępek
Bein	noga
Brust	pierś
Brustkorb	klatka piersiowa
Brustwarze	sutek
Damm	krocze
Daumen	kciuk
Ellenbogen	łokieć
Ferse	pięta
Finger	palec
Fuß	stopa
Gaumen	podniebienie

Gelenk/Gelenke	staw/stawy
Gesäßbacke	pośladek
Gesicht	twarz
Haar/Haare	włos/włosy
Hals	szyja/(*Rachenraum*) gardło
Hand	dłoń
Handgelenk	nadgarstek
Haut	skóra
Hoden	jądro
Hüfte	biodro
Kiefer	szczęka
Kinn	broda, podbródek
Knie	kolano
Knöchel	kostka
Kopf	głowa
Lippe	warga
Mund	usta
Muskel	mięsień
Nacken	kark
Nagel	paznokieć
Nase	nos
Oberhaut	naskórek
Ohr	ucho
Penis	penis
Rippe	żebro
Rücken	plecy
Rumpf	tułów
Schenkel	udo
Schläfe/Schläfen	skroń/skronie
Schlüsselbein	obojczyk

Schulter	bark
Schulterblatt	łopatka
Stirn	czoło
Unterarm	przedramię
Wade	łydka
Wange	policzek
Wirbelsäule	kręgosłup
Zahn	ząb

Innere Organe	**Organy wewnętrzne**
After	odbyt
Arterie/Arterien	tętnica/tętnice
Bauchfell	przepona
Bauchspeicheldrüse	trzustka
Blinddarm	wyrostek robaczkowy
Blut	krew
Blutgefäße	naczynia krwionośne
Bronchien	oskrzela
Darm	jelito
Dickdarm	jelito grube
Dünndarm	jelito cienkie
Eierstock/Eierstöcke	jajnik/jajniki
Gebärmutter	macica
Gehirn	mózg
Harnblase	pęcherz
Harnröhre	moczowód
Herz	serce
Kehlkopf	krtań

Knochenmark	szpik kostny
Leber	wątroba
Luftröhre	tchawica
Lunge/Lungen	płuco/płuca
Magen	żołądek
Milz	śledziona
Nerv/Nerven	nerw/nerwy
Niere/Nieren	nerka/nerki
Rachen	gardło
Rückenmark	rdzeń kręgowy
Scheide	pochwa
Schilddrüse	tarczyca
Speiseröhre	przełyk
Stirnhöhlen	zatoki
Vene/Venen	żyła/żyły
Zunge	język

Beim Zahnarzt	**U dentysty**
Wo ist die nächste Zahnklinik?	Gdzie jest przychodnia dentystyczna?
Wo ist hier in der Nähe ein Zahnarzt?	Gdzie mogę znaleźć dentystę?
Ich habe Zahnschmerzen.	Boli mnie ząb.
Mir tut … weh.	Boli mnie …
ein Backenzahn	ząb trzonowy
oben/unten ein Zahn	ząb na górze/na dole
Mein Zahnfleisch ist geschwollen.	Spuchło mi dziąsło.

Ich habe Zahnfleischbluten.	Krwawią mi dziąsła.
Eine Füllung ist mir herausgefallen.	Wypadła mi plomba.
Ein Zahn wackelt.	Ząb mi się rusza.
Mir ist ein Stück Zahn abgebrochen.	Ząb mi się złamał.
Meine Prothese ist entzweigegangen.	Pękła mi proteza/sztuczna szczęka.
Ich möchte gern Zahnstein entfernen lassen.	Chciałbym/Chciałabym usunąć kamień nazębny.
◊ Bitte nehmen Sie auf dem Sessel Platz.	Proszę usiąść na fotelu.
◊ Der Zahn muss gezogen werden.	Trzeba wyrwać ząb.
◊ Sie brauchen eine Krone.	Trzeba założyć koronkę.
◊ Der Zahn muss gefüllt werden.	Ząb trzeba zaplombować.
◊ Ich muss eine Wurzelbehandlung durchführen.	Konieczne jest leczenie kanałowe.
Wird es wehtun?	Czy będzie bolało?
◊ Keine Angst. Es wird nicht wehtun.	Niech się pan/pani nie boi. Nie będzie bolało.
Ich brauche keine Betäubung.	Poproszę bez znieczulenia.
Bitte geben Sie mir eine Betäubung.	Poproszę o znieczulenie.
◊ Bitte ausspucken.	Proszę wypluć.
◊ Bitte umspülen.	Proszę przepłukać.
◊ Bitte zubeißen.	Proszę zagryźć.
◊ Stört die Füllung?	Czy coś przeszkadza?
◊ Sie dürfen eine Stunde lang nichts essen.	Proszę nic nie jeść przez godzinę.

Backenzahn	ząb trzonowy
Füllung	plomba, wypełnienie
Karies	próchnica
künstliches Gebiss	sztuczna szczęka
Loch	dziura, ubytek
Mundschleimhaut	śluzówka jamy ustnej
Oberkiefer	górna szczęka
Parodontose	parodontoza
Schneidezähne	siekacze
Unterkiefer	dolna szczęka
Weisheitszahn	ząb mądrości
Zahnprothese	proteza, sztuczna szczęka
Zahnschmerzen	ból zęba

In der Apotheke — W aptece

APTEKA CAŁODOBOWA	24-Stunden-Apotheke
NOCNY DYŻUR	Nachtdienst

Wo ist die nächste Apotheke?	Gdzie jest najbliższa apteka?
Ich hätte gern etwas gegen …	Poproszę coś na …
Blähungen	wzdęcia
Fieber	gorączkę
Insektenstiche	ukąszenia
Verdauungsprobleme	lepsze trawienie
Verstopfung	zaparcia
Zahnschmerzen	ból zęba

◊ Dieses Medikament ist verschreibungspflichtig.	Ten lek jest tylko na receptę.
◊ Leider haben wir dieses Medikament nicht.	Niestety nie mamy tego leku.

Medikamente und Verbandsmaterial — **Lekarstwa i materiały opatrunkowe**

Abführmittel	środek przeczyszczający
Antibiotikum	antybiotyk
Aspirin	aspiryna
Augentropfen	krople do oczu
Beruhigungsmittel	środek uspokajający
Brausetablette	tabletka musująca
breite Mullbinde	bandaż szeroki
Desinfektionsmittel	środek odkażający
Druckverband	opaska uciskowa
elastische Mullbinde	bandaż elastyczny
Gaze	gaza
Herztropfen	krople na serce
Hustensirup	syrop na kaszel
Inhalator	inhalator
Kräuter	zioła
Kräutertee	herbatka ziołowa
Lebertropfen	krople na wątrobę
Lutschtabletten	tabletki do ssania
Magentropfen	krople na żołądek
Mullbinde	bandaż
Nadel	igła
Nasentropfen	krople do nosa
Ohrentropfen	krople do uszu
Pflaster	plaster

Salbe	maść
Schlafmittel	środek nasenny
schmale Mullbinde	bandaż wąski
Schmerzmittel	środek przeciwbólowy
Sirup	syrop
Spritze	strzykawka
Tablette	tabletka
Tampons	tampony
Tropfen	krople
Verband	opatrunek
Vitamin	witamina
wärmende Salbe	maść rozgrzewająca
Wasserstoffperoxid	woda utleniona
Watte	wata
Wundpflaster	plaster z opatrunkiem
Zäpfchen	czopki

Dosierung und Art der Anwendung	**Dawkowanie i sposób użycia**
einmal täglich	raz dziennie
zweimal täglich	dwa razy dziennie
dreimal täglich	trzy razy dziennie
morgens und abends	rano i wieczorem
alle 3/5 Stunden	co trzy godziny/co pięć godzin
… Tage lang	przez … dni
eine Woche lang	przez tydzień
einen Monat lang	przez miesiąc
nüchtern	na czczo
vor den Mahlzeiten	przed jedzeniem

während der Mahlzeiten	w trakcie jedzenia
nach den Mahlzeiten	po jedzeniu
einen kleinen Löffel	jedną łyżeczkę
drei kleine Löffel	trzy łyżeczki
eine halbe Tablette	pół tabletki
eine Tablette	jedną tabletkę
zwei Tabletten	dwie tabletki

als Ampullen	w ampułkach
als Dragees	w drażetkach
als Injektion	w zastrzykach
als Kapseln	w kapsułkach
als Pflaster	w plastrach
als Tabletten	w tabletkach
als Zäpfchen	w czopkach

auftragen	posmarować
einatmen	wdychać
einreiben	wcierać
gut vermischen	dobrze wymieszać
in Wasser auflösen	rozpuścić w wodzie
lutschen	ssać
oral	doustnie
rektal	doodbytniczo
trinken	wypić
unter der Zunge zergehen lassen	rozpuścić pod językiem
vor Gebrauch schütteln	wstrząsnąć przed użyciem
zerstäuben	rozpylić

• Chronić przed światłem	Vor Licht schützen
• Do użytku zewnętrznego	Äußerlich

• Możliwy wpływ na zdolność obsługiwania maszyn i prowadzenia pojazdów mechanicznych	Mögliche Auswirkungen auf die Fähigkeit zum Bedienen von Maschinen und auf die Verkehrstüchtigkeit
• Nie podawać kobietom w ciąży	Schwangeren Frauen nicht verabreichen
• Przechowywać w lodówce	Im Kühlschrank aufbewahren
• Przechowywać w miejscu niedostępnym dla dzieci	Für Kinder unzugänglich aufbewahren
• Przechowywać w suchym i ciemnym miejscu	Trocken und dunkel lagern
• Przeciwwskazania	Gegenanzeigen
• Przed użyciem zapoznaj się z ulotką	Gebrauchsinformation/Packungsbeilage beachten
• Skład	Zusammensetzung
• Środki ostrożności	Vorsichtsmaßnahmen
• Termin przydatności	Verfallsdatum

Kurort	**Uzdrowisko**
Wie viel kostet ein 6-tägiger Aufenthalt?	Ile kosztuje sześciodniowy pobyt?
Welche Kuranwendungen für … gibt es hier?	Jakie oferujecie państwo zabiegi lecznicze dla …?
Allergiker	alergików
Asthmatiker	chorych na astmę
Herzkranke	osób z chorobami serca
Was ist im Preis inbegriffen?	Co jest wliczone w cenę?
◊ Im Preis sind zwei Anwendungen pro Tag inbegriffen.	W cenę wliczone są dwa zabiegi dziennie.

Könnte ich eine Preisliste auf Deutsch bekommen?	Czy mogę prosić o cennik po niemiecku?
Gibt es bei dieser Anwendung Gegenanzeigen?	Czy są jakieś przeciwwskazania do tego zabiegu?

* * *

Algen	algi
Aromatherapie	aromaterapia
Badetorf	borowina
Balneotherapie	balneoterapia
Bestrahlung	naświetlanie
Bewegungstherapie	terapia ruchowa
Bierbad	kąpiel piwna
Dampfbad	kąpiel parowa/(*Raum*) łaźnia parowa
Diadynamik	leczenie prądem diadynamicznym
Duschbad	natrysk
Elektrotherapie	elektroterapia
Entschlackungskur	kuracja oczyszczająca organizm z produktów przemiany materii
Entspannung	odprężenie
Entspannungsmassage	masaż odprężający
Erholung	wypoczynek
Fango	błoto mineralne
finnische Sauna	sauna fińska
Fußbad	moczenie stóp
Galvanisation	galwanizacja
Ganzkörpermassage	masaż całego ciała
Höhensonne	lampa kwarcowa

Hydromassage	hydromasaż
Hydrotherapie	hydroterapia
Inhalationen	inhalacje
Iontophorese	jon(t)oforeza
Kinesiotherapie	terapia ruchowa
Kohlensäurebad	kąpiel kwasowęglowa
Krankengymnastik	gimnastyka rehabilitacyjna
Kräuterbad	kąpiel ziołowa
Kryotherapie	krioterapia
Kurhaus	dom zdrojowy
Kurtaxe	opłata klimatyczna
Lasertherapie	terapia laserowa
Lichtbad	kąpiel świetlna
Lichttherapie	światłolecznictwo
Lymphdrainage	drenaż limfatyczny
Lymphmassage	masaż limfatyczny
Magnetotherapie	magnetoterapia
Massage	masaż
Masseur/Masseurin	masażysta/masażystka
Mineralbad	kąpiel w wodzie mineralnej/(*Kurort*) uzdrowisko mineralne
Mineralquelle	źródło mineralne
Moorbad	kąpiel borowinowa
Moorerde	borowina
Moorpackung	okład z borowiny
Ohrkerzenbehandlung	świecowanie uszu
Ozonbad	kąpiel ozonowa
Perlbad	kąpiel perełkowa
Physiotherapeut/Physiotherapeutin	fizjoterapeuta/fizjoterapeutka

Physiotherapie	fizjoterapia
Sanatorium	sanatorium
Sauerstofftherapie	terapia tlenowa
Sauna	sauna, łaźnia
Schlammbad	kąpiel błotna
Schlammpackung	okład z błota
Schwefelbad	kąpiel siarkowa
Schwefelquelle	źródło siarkowe
Solbad	kąpiel solankowa/(*Kurort*) uzdrowisko solankowe
Solegrotte	grota solna
Solquelle	źródło solankowe
Steinmassage	masaż kamieniami
Teilbad	kąpiel częściowa
Thermalbad	kąpiel termalna/(*Becken*) basen z wodą termalną/(*Kurort*) uzdrowisko termalne
Thermalquelle	źródło termalne
Trinkhalle	pijalnia wód mineralnych
Ultraschall	ultradźwięk
Umschlag	okład
Unterwassermassage	masaż podwodny
Wassergymnastik	gimnastyka w wodzie
Wechselbad	kąpiel zmienna
Wellnesszentrum	centrum odnowy biologicznej
Whirlpoolbad	kąpiel wirowa

Gibt es auf diesem Parkplatz Stellplätze für Behinderte?	Czy na parkingu są miejsca dla niepełnosprawnych?
Entschuldigen Sie bitte, aber dieser Platz ist für Behinderte vorgesehen.	Przepraszam, ale to miejsce jest przeznaczone dla osób niepełnosprawnych.
Gibt es in diesem Gebäude …?	Czy w tym budynku są …?
behindertengerechte Aufzüge	windy dla niepełnosprawnych
behindertengerechte Toiletten	toalety dostosowane dla niepełnosprawnych
Handläufe für Behinderte	poręcze dla niepełnosprawnych
Rampen für Rollstuhlfahrer	podjazdy dla wózków
Könnten Sie mir die Tür öffnen?	Czy mógłby pan/mogłaby pani otworzyć mi drzwi?
Könnten Sie mir helfen, …?	Czy mógłby pan/mogłaby pani pomóc mi …?
(mit dem Rollstuhl) auf den Bürgersteig zu gelangen	wjechać wózkiem na krawężnik
aufzustehen	wstać
(aus dem Bus) auszusteigen	wyjechać wózkiem z autobusu
Entschuldigung, ich komme nicht an den Hörer heran.	Przepraszam, nie mogę dosięgnąć do słuchawki.
Entschuldigung, aber ich komme hier nicht herauf.	Przepraszam, ale nie mogę tu wjechać wózkiem.
Kann man hier Rollstuhlsport treiben?	Czy mogę tu gdzieś uprawiać sport na wózku?
Könnten Sie mich näher an den Tisch schieben?	Czy mogę prosić o podsunięcie mnie bliżej stołu?

Verabredungen	Umawianie się na spotkanie
Können wir einen Termin ausmachen?	Czy możemy się umówić na konkretny termin?
Wann wäre es Ihnen recht?	Kiedy panu/pani pasuje?
Ich richte mich nach Ihnen.	Dostosuję się do pana/pani.
Morgen hätte ich Zeit.	Jutro jestem wolny/wolna.
Morgen passt es mir leider nicht.	Niestety jutro jest to niemożliwe.
Der nächste freie Termin ist …	Pierwszy wolny termin to …
Es könnte sein, dass ich mich verspäte.	Mogę się trochę spóźnić.
Bitte machen Sie einen Termin mit meiner Sekretärin aus.	Proszę ustalić termin z moją sekretarką.
Ich möchte das lieber mit Ihnen persönlich besprechen.	Wolałbym/Wolałabym omówić to z panem/z panią osobiście.
Ich wollte den Termin bestätigen.	Chciałem/Chciałam potwierdzić termin spotkania.
Es tut mir Leid, aber ich muss unser Treffen verschieben.	Przykro mi, ale muszę przesunąć termin naszego spotkania.
Ich muss unser Treffen leider absagen.	Niestety muszę odwołać nasze spotkanie.

Im Sekretariat	W sekretariacie
Guten Tag, ich bin mit Herrn/Frau … verabredet.	Dzień dobry, jestem umówiony na spotkanie z panem/z panią …

Hier ist meine Visitenkarte.	Oto moja wizytówka.
◊ Haben Sie einen Termin?	Czy był pan umówiony/była pani umówiona?
◊ Warten Sie bitte, …	Proszę poczekać, …
er/sie ist gerade in einem Gespräch	w tej chwili ma gościa
er/sie telefoniert gerade	właśnie rozmawia przez telefon
Kann ich ihm/ihr eine Nachricht hinterlassen?	Czy mogę zostawić dla niego/dla niej wiadomość?
◊ Bitte kommen Sie mit mir.	Proszę za mną.
◊ Möchten Sie etwas trinken?	Może się pan/pani czegoś napije?
Könnte ich …?	Czy mogę …?
das per Boten zustellen lassen	wysłać to przez posłańca
Ihr Telefon benutzen	stąd zadzwonić

Über die Firma	**O firmie**
Unsere Firma …	Nasza firma …
besteht seit (dem Jahr) …	istnieje od roku …
beschäftigt … Mitarbeiter	zatrudnia … pracowników
Unsere Firma ist für … zuständig.	Nasza firma zajmuje się …
den Export	eksportem
den Import	importem
die Produktion von …	produkcją …
den Verkauf von …	sprzedażą …

Unsere Firma ist …	Nasza firma jest …
eine Aktiengesellschaft	spółką akcyjną
eine GmbH	spółką z ograniczoną odpowiedzialnością
ein Privatunternehmen	firmą prywatną
ein staatliches Unternehmen	firmą państwową
Wir arbeiten in Schichten.	Pracujemy w systemie zmianowym.

* * *

Fabrik	fabryka
Herstellerbetrieb	zakład produkcyjny
Stiftung	fundacja
Unternehmen	przedsiębiorstwo
Abteilung	dział
Buchhaltung	księgowość
Direktion	dyrekcja
Distribution	dystrybucja
Einkaufsabteilung	dział zakupów
Marketingabteilung	dział promocji/marketingu
Produktion	produkcja
Reklamationsabteilung	dział reklamacji
Verkaufsabteilung	dział sprzedaży
Werbeabteilung	dział reklamy
Angestellter	zatrudniony
Arbeitnehmer	pracownik
Assistent	asystent
Chef	szef
Direktor	dyrektor

Dolmetscher	tłumacz ustny
Eigentümer	właściciel
exklusiver/alleiniger Vertreter	wyłączny przedstawiciel
Fabrikdirektor	dyrektor fabryki
Firmenleiter	dyrektor firmy
Firmenvertreter	przedstawiciel firmy
Geschäftsmann	handlowiec
Handelspartner	partner handlowy
Handelsvertreter	przedstawiciel handlowy
Inspekteur	inspektor
Kunde	klient
Leiter	kierownik, dyrektor
Lieferant	dostawca
Miteigentümer	współwłaściciel
Sekretärin	sekretarka
stellvertretender Leiter	zastępca kierownika
Trainee	stażysta
Übersetzer	tłumacz
Vertreiber	dystrybutor
Vorsitzender	prezes

Geschäftsgespräche	**Rozmowy handlowe**
◊ In welcher Branche sind Sie tätig?	Jaką branżę pan/pani reprezentuje?
Ich vertrete …	Reprezentuję …/Jestem przedstawicielem …
Ich arbeite für die Firma …	Pracuję w firmie …

Wir sind der exklusive/alleinige Vertreiber von …	Jesteśmy wyłącznym dystrybutorem …
Ihr Unternehmen wurde uns von … empfohlen.	Państwa przedsiębiorstwo polecił/poleciła nam …
Auf Ihr Unternehmen sind wir über eine Anzeige in … aufmerksam geworden.	Państwa przedsiębiorstwo znaleźliśmy w ogłoszeniu w …
Von Ihrem Unternehmen haben wir aus … erfahren.	O państwa przedsiębiorstwie dowiedzieliśmy się z …
Wir suchen …	Poszukujemy …
einen Hersteller	producenta
einen Lieferanten	dostawcy
◊ Wer ist Ihr Lieferant?	Kto jest waszym dostawcą?
Sie sind die Ersten, denen wir unser Angebot vorstellen.	Państwo są pierwszymi, którym przedstawiamy naszą ofertę.
Wir verwenden ausschließlich …	Używamy tylko …
die besten Materialien	najlepszych surowców
Rohstoffe	surowców naturalnych
Wir nutzen die neuesten Technologien.	Stosujemy najnowsze technologie.
Im vergangenen Jahr betrug die Produktion …	W ubiegłym roku produkcja wyniosła …
Wir sind auf dem ausländischen Markt vertreten.	Jesteśmy obecni na rynkach zagranicznych.
Wir exportieren hauptsächlich nach …	Eksportujemy głównie do …
Wir beabsichtigen, unser Angebot um … zu erweitern.	Zamierzamy poszerzyć ofertę o …

Angebot	**Oferta**
Könnten wir … sehen?	Czy moglibyśmy obejrzeć …?
die letzten Modelle	ostatnie modele
Muster	wzory
◊ Wir schicken Ihnen den neuesten Katalog mit Preisliste zu.	Wyślemy państwu najnowszy katalog z cennikiem.
◊ Wir schicken Ihnen unser Angebot zu.	Przyślemy państwu naszą ofertę.
Wie lange haben Ihre Artikel Garantie?	Jaką gwarancję mają wasze wyroby?
◊ Auf unsere Artikel geben wir ein Jahr Garantie.	Na nasze wyroby dajemy roczną gwarancję.
Wie sind die …?	Jakie są …?
Einzelhandelspreise	ceny detaliczne
Großhandelspreise	ceny hurtowe
Verkaufspreise	ceny zbytu
Könnten Sie mir den Preis in … nennen?	Proszę podać cenę w …
Dollar	dolarach
Euro	euro
Zloty	złotówkach
Wie ist der Stückpreis?	Jaka jest cena za jedną sztukę?
◊ Der Preis ist Verhandlungssache.	Cena jest do uzgodnienia.
◊ Bitte vergleichen Sie unsere Preise mit denen der Konkurrenz.	Proszę porównać nasze ceny z konkurencją.
Aber diese Preise sind viel zu hoch!	Ależ te ceny są dużo za wysokie!

Umfasst dieser Preis bereits …?	Czy ta cena zawiera …?
die Lieferung	transport
die Marge	marżę
die Mehrwertsteuer	podatek VAT
die Montage	montaż
Können wir mit einem Preisnachlass rechnen?	Czy możemy liczyć na jakąś zniżkę?
Wann ist der Liefertermin?	Jaki jest termin dostawy?
◊ Die Bestellung können wir innerhalb … ausführen.	Zamówienie możemy zrealizować w ciągu …
einer Woche	tygodnia
einiger Tage	kilku dni
Wir werden ihren Vorschlag überdenken.	Rozważymy państwa propozycję.
Wir müssen die Einzelheiten besprechen.	Musimy omówić szczegóły.

Vertragsabschluss	**Zawieranie umowy**
Ich bin bevollmächtigt, …	Jestem upoważniony/upoważniona do …
die Verhandlungen zu führen	prowadzenia negocjacji
den Vertrag im Namen unserer Firma zu unterzeichnen	podpisania umowy w imieniu naszej firmy
Bevor ich den Vertrag unterzeichne, muss ich mich noch mit unserer Firma in Verbindung setzen.	Zanim podpiszę umowę, muszę się jeszcze skontaktować z naszą firmą.

Der Vertrag sollte auf Polnisch und auf Deutsch verfasst sein.	Umowa powinna być w języku polskim i niemieckim.
Wenn Sie damit einverstanden sind, würden wir gern eine Probelieferung bestellen.	Jeśli się państwo zgodzą, chcielibyśmy zamówić partię próbną.
Wir nehmen Ihr Angebot unter der Bedingung, dass Sie den Preis um … % senken, an.	Akceptujemy waszą propozycję pod warunkiem, że obniżycie cenę o … %.
Wir laden Sie zum Essen ein.	Zapraszamy państwa do restauracji.

* * *

Abnehmer	odbiorca
Anzahlung	zaliczka
Artikel	artykuł
Ausfuhr	eksport
Bestellung	zamówienie
Branche	branża
Einfuhr	import
Einzelhandel	detal
Einzelhandelspreis	cena detaliczna
Ermäßigung	zniżka
Erzeugnis, Fabrikat	wyrób
Export	eksport
Garantie	gwarancja
Gewinn	zysk
Großhandel	hurt
Großhandelspreis	cena hurtowa
Handelsangebot	oferta handlowa
Handelspartner	partner handlowy
Import	import

Investition	inwestycja
Kalkulation	kalkulacja
Katalog	katalog
Konkurs	upadłość
Kontrakt	kontrakt
Kostenvoranschlag	kosztorys
Marge	marża
Mehrwertsteuer	podatek VAT
Messe	targi
Preis	cena
Preisliste	cennik
Preisnachlass	rabat
Produkt	produkt
Produktion	produkcja
Promotion (*englische Aussprache*)	promocja
Reklamation	reklamacja
schriftliche Bestätigung	pisemne potwierdzenie
Sektor	sektor
Stand	stoisko
Steuer	podatek
Transport	transport
Umsatz	obrót
Verkaufsbedingungen	warunki sprzedaży
Verkaufspreis	cena zbytu
Vertrag	umowa
Vertragsunterzeichnung	podpisanie umowy
Ware	towar
Werbung	reklama
Zahlungstermin	termin płatności
Zoll	cło

Messe	Targi
Wo ist der Stand der Firma …?	Gdzie znajduje się stanowisko firmy …?
Ich suche den Stand Nr. …	Szukam stoiska numer …
Wie komme ich zu …?	Jak dojść do …?
Könnte ich … bekommen?	Czy mogę dostać …?
den neuesten Katalog	najnowszy katalog
eine Preisliste	cennik
Ich hätte gern Informationsmaterial über die Firma …	Chciałbym/Chciałabym otrzymać materiały informacyjne o firmie …
◊ Wenn Sie mir Ihre Adresse geben, schicke ich Ihnen Informationsmaterial zu.	Jeśli poda pan/pani adres, prześlę panu/pani materiały informacyjne.
Ich möchte gern eine Bestellung aufgeben.	Chciałbym/Chciałabym złożyć zamówienie.
Bekomme ich einen Preisnachlass?	Czy mogę otrzymać rabat?
◊ Sie erhalten einen Preisnachlass in Höhe von …	Otrzyma pan/pani rabat w wysokości …

* * *

Ausstellung	wystawa
Ausstellungsfläche	powierzchnia wystawowa
Besucher	odwiedzający
Ehrengast	gość honorowy
Eintrittskarte	karta wstępu
Exponat	eksponat
Gebühr für …	opłata za …
Hostess	hostessa

Messebüro	biuro targów
Messeplan	plan targów
Präsentation	prezentacja
Pressezentrum	centrum prasowe
Prospekt	prospekt
Stand	stoisko
Werbematerialien	materiały reklamowe

Konferenz	**Konferencja**
Wo bekomme ich …?	Gdzie mogę otrzymać …?
das Konferenzprogramm	program konferencji
die Konferenzunterlagen	materiały z konferencji
einen Passierschein	przepustkę
eine Teilnehmerkarte	kartę uczestnictwa
Wo ist …?	Gdzie jest …?
das Informationszentrum	centrum informacyjne
der Konferenzraum	sala konferencyjna

* * *

interaktive Tafel	tablica interaktywna
Mikrofon	mikrofon
Multimediaanlage	zestaw multimedialny
Projektionsfläche	ekran projekcyjny
Tageslichtprojektor	rzutnik
Teilnehmer	uczestnik
Videoprojektor	rzutnik komputerowy
Vorlesung	odczyt
Vortrag	wykład